ENSEIGNEMENT

DES

SOURDS-MUETS

PAR LA PAROLE

PAR

L. GUYOT,
Docteur en médecine de la Faculté de Paris.

PARIS
A. PARENT, IMPRIMEUR DE LA FACULTÉ DE MÉDECINE
29-31, RUE MONSIEUR-LE-PRINCE, 29-31

1881

ENSEIGNEMENT

DES

SOURDS-MUETS

PAR LA PAROLE

PAR

L. GUYOT,

Docteur en médecine de la Faculté de Paris.

PARIS
A. PARENT, IMPRIMEUR DE LA FACULTÉ DE MÉDECINE
29-31, RUE MONSIEUR-LE-PRINCE, 29-31

1881

A MES FRÈRES

A MA SŒUR

A M. LE PROFESSEUR LASÈGUE

Médecin de l'hôpital de la Pitié.

A M. LE PROFESSEUR GUYON

Chirurgien de l'hôpital Necker.

A M. LE DOCTEUR MILLARD

Médecin de l'hôpital Beaujon.

ENSEIGNEMENT

DES

SOURDS-MUETS

PAR LA PAROLE

AVANT-PROPOS.

En 1746, Jacob Rodrigues Pereire, juif Portugais établi en France, apprit à un jeune homme sourd-muet de naissance, à parler, à lire et à écrire ; il créa à Paris la première école de sourds-muets.

Le 18 décembre 1880, cent ans après la mort de Pereire, paraissait dans le *journal officiel* un rapport de M. Franck, membre de l'Institut, délégué du ministre de l'intérieur au congrès tenu à Milan pour l'amélioration du sort des sourds-muets. « Il faut le plus tôt possible instruire par la parole, non pas un certain nombre d'élèves choisis, mais tous les élèves de nos institutions nationales. » Telle est la conclusion du rapport.

Cependant Pereire n'ayant pas eu de disciples, les succès

qu'il avait remportés furent vite oubliés. On vit bien quelques tentatives analogues à de rares intervalles ; mais ce n'est que depuis trente ans environ que quelques établissements ont été créés en vue d'enseigner la parole aux sourds-muets.

Les succès de Péreire étaient évidents, mais ils étaient trop peu nombreux et trop difficilement obtenus pour que la méthode employée eût une utilité vraiment générale. Un homme de bien et de science, un apôtre de la charité que stimulaient l'amour de ses semblables et la foi religieuse résolut d'étendre à tous les sourds-muets les bienfaits de l'éducation. Il créa pour eux une langue nouvelle qui devait remplacer la parole des autres hommes. A l'aide du langage mimique les sourds-muets apprenaient à lire et à écrire, entrant ainsi en communication avec le reste des hommes, se comprenant entre eux par les signes, entendant, pour ainsi dire, par les yeux et les doigts. L'abbé de l'Epée fut admirablement secondé et servi par ses nombreux élèves, et bientôt en France de nombreux établissements surgirent qui employèrent sa méthode.

Aujourd'hui, les principes qui guidèrent l'abbé de l'Epée sont combattus de toutes parts. Au delà des monts et des mers on apprend aux sourds-muets à parler ; l'enseignement par la méthode mimique ne se rencontre plus qu'en France et dans quelques établissements de Suède et d'Angleterre. Voici que le congrès de Milan pour l'amélioration du sort des sourds-muets va mettre fin à la lutte. Les partisans de la méthode des signes se font de plus en plus rares. Enfin l'institution nationale de Paris, dernière forteresse des disciples de l'abbé de l'Epée, vient de capituler.

Il nous a semblé utile et intéressant de rechercher les

causes de succès et de revers des deux systèmes en présence.

Nous avons pensé qu'une étude qui s'occupe des sourds-muets, c'est-à-dire de malheureux, d'affligés, de malades ne pouvait que gagner à être traitée devant le public médical. Puissions-nous amener sur cette question les débats et la lumière !

Notre pensée sera mieux comprise encore, si nous avouons nos préférences pour la méthode orale, résultat d'une étude attentive et d'une sincère conviction. Faire parler les sourds-muets est bien, très bien même ; mais pour arriver à un pareil résultat il faut connaître les lois de la phonation, le mécanisme de l'articulation, la physiologie de la parole en un mot. Voilà pourquoi ce sujet est bien un sujet médical. Les connaissances physiologiques doivent donc guider l'étude du sourd-muet et son instruction par la parole. C'est pour avoir méconnu cette vérité que tant de tentatives infructueuses ont été faites ; c'est en la reconnaissant qu'on arrivera au but désiré.

Avant d'aborder le sujet même de ce travail, nous avons cru devoir préalablement dire quelques mots de l'état intellectuel des sourds-muets. Cela nous a semblé d'autant plus utile qu'on ne trouve que des aperçus très vagues sur cette question qui, au point de vue médical, n'a été envisagée que dans ses rapports avec la médecine légale. Nous appelons l'attention sur une interprétation nouvelle de quelques faits, qui nous a été suggérée par la lecture d'un travail de M. le professeur Lasègue sur les *cérébraux.*

Nous avons ensuite divisé notre étude comme il suit :

1° Histoire de l'enseignement des sourds-muets, jusqu'en 1850 environ.

2° Physiologie de la parole, particulièrement chez les sourds parlants.

3° Méthodes et procédés actuels d'enseignement oral.

4° Parallèle entre la méthode orale et la méthode mimique. Avantages de la première.

5° Indications et contre-indications.

6° Conclusions.

7° Index bibliographique (de 1620 à 1880).

Avant de terminer ce trop long préambule, qu'il nous soit permis de remercier sincèrement les personnes qui ont bien voulu nous guider dans nos recherches, particulièrement MM. Houdin, le Dr Peyron, Dubois et Magnat, Mlle Dubois, et enfin notre très honoré maître, M. le professeur Lasègue, qui nous a encourage à poursuivre cette étude.

DE L'ETAT INTELLECTUEL DES SOURDS-MUETS.

Avant d'étudier les méthodes d'enseignement des sourds-muets, il nous a paru nécessaire d'en démontrer l'utilité en envisageant les modifications apportées par l'éducation chez ces malheureux.

Il importe à la famille, au médecin, au professeur de connaître l'état de l'intelligence du sourd-muet et de rechercher non seulement ce qu'elle est aujourd'hui, mais aussi ce qu'elle sera dans l'avenir.

Le sourd-muet doit être aussi étudié dans ses rapports sociaux, au point de vue, par exemple, de la capacité civile et de la responsabilité criminelle ; on voit d'avance combien doit changer la face des choses suivant que le sourd-muet est instruit ou non.

La plupart des auteurs qui traitent des affections mentales s'occupent en peu de lignes des sourds-muets, qu'ils placent tantôt parmi les arriérés, tantôt parmi les idiots et les dégradés.

Mais toutes ces divisions n'ont aucune valeur si on ne distingue pas les sourds-muets instruits de ceux qui n'ont aucune instruction, et si on ne fait pas de différences, suivant les causes qui ont amené la surdité.

Malheureusement il n'est que trop vrai que ces causes sont peu connues encore à l'heure actuelle, et malgré les intéressants travaux d'Itard, de Ménière, de Bonnafont, malgré les communications récentes de M. Ladreit de la

Charrière, la question de l'étiologie de la surdité est encore dan l'obscurité.

On a établi d'abord deux grandes divisions: la surdité congénitale et la surdité acquise quelque temps après la naissance. (Nous n'entendrons jamais parler de l'adulte, dans ce qui suit).

Mais une fois cette distinction admise, on a reconnu que la surdité congénitale était très souvent une surdité acquise, mais dont les parents ne pouvaient préciser la date. Ainsi, une mère présente à la consultation du médecin un enfant sourd âgé de 2 ans; on lui demande depuis combien de temps l'enfant est sourd, elle répond: « Depuis *toujours.* » On lui demande : « Votre enfant a-t-il eu des convulsions ? » Elle répond très étonnée : « Ah ! oui, il en a eu vers l'âge de 6 ou 7 mois. » A cette question : « Votre enfant n'est jamais tombé, n'a jamais reçu de coups sur la tête ? » il arrive souvent que la mère répond : « Ah ! si, mais il n'a pas beaucoup crié. »

On conçoit qu'avec de pareils éléments de recherches il devienne difficile d'admettre 94 sourds de naissance sur 152 cas. Aussi M. de Lacharrière les dénomme des enfants *dits* sourds de naissance.

Quant aux lésions de la surdité congénitale la plupart sont inconnues.

Pour la surdité acquise comme pour la congénitale les autopsies ont été rares ou non publiées. Itard et Blanchet ont signalé l'absence ou la dégénérescence des nerfs auditifs ou bien une destruction morbide de l'oreille interne ou moyenne. On a trouvé une altération organique dans les centres nerveux ou un développement de productions morbides intéressant l'ouïe, l'intelligence et les fonctions vitales.

La présence de masses tuberculeuses chez des sourds-muets qui meurent dans l'adolescence a été souvent notée.

M. le professeur Parrot a signalé de nombreuses lésions de l'oreille interne pendant la vie utérine. (Archives générales de médecine.)

Il faut connaître aussi exactement l'âge de l'enfant qui est devenu sourd depuis sa naissance en même temps que les causes de la surdité. Il est bien évident qu'un enfant qui devient sourd à l'âge de 6 ou 7 ans, après avoir parlé pendant plusieurs années, ayant acquis déjà un grand nombre de connaissances se trouvera dans des conditions infiniment préférables (au point de vue de l'éducation ultérieure) à celles de l'enfant devenu sourd à l'âge de 18 ou 20 mois.

Le développement de son intelligence, comme nous le verrons plus loin, ne sera pas non plus indépendant de la cause de la surdité.

Toutes les maladies de l'oreille peuvent se développer chez l'enfant. M. Ladreit de la Charrière pense que la congestion cérébrale est une cause fréquente de surdité, amenée par des hémorrhagies des labyrinthes.

La surdité survient très souvent à la suite de convulsions. Sur 98 cas de surdité acquise Toynbee en compte 35 appartenant à des maladies de l'encéphale et notamment à des convulsions. Sur 152 sourds-muets admis àl'Institution des sourds-muets : 94 étaients dits sourds de naissance, 58 étaient devenus sourds entre 3 mois et 5 ans. Sur ces 58 on a constaté 14 fois des convulsions, c'est-à-dire le quart. (De Lacharrière).

Chez presque tous les enfants qui ont eu des convulsions, dit le médecin des Sourds-Muets, on constate des lésions de l'organe de l'ouïe, d'où il suit que les convulsions ne doivent pas être considérées comme cause, mais comme effet.

Comme nous l'avons dit précédemment, l'enfant qui n'a jamais entendu, qui par conséquent n'a jamais parlé, se trouve vis-à-vis même des enfants qui deviennent sourds à 6 ou 7 ans, dans un état d'infériorité évident. Ceux qui n'ont pu recevoir aucune leçon de leurs parents ont une vie absolument instinctive, et ils doivent être placés au rang des imbéciles. Ils vivent pour eux-mêmes, isolés du monde extérieur, ils rapportent tout à eux-mêmes. Ils ne cherchent qu'à satisfaire leurs appétits, s'irritent contre ce qui s'oppose à leurs jouissances. Ils deviennent méchants, paresseux, ils entrent dans des accès de colère effrayants, et leur esprit n'offrant aucune résistance à l'impulsion, ils sont dangereux pour ceux qui les entourent.

Il y a entre l'aveugle et le soud-muet au point de vue du développement intellectuel une différence vraiment remarquable. L'aveugle, bien qu'isolé aussi, peut se développer d'une façon presque complète par les moyens ordinaires, tandis que le sourd-muet, auquel rien de ce qui se passe autour de lui ne doit paraître étranger, n'entre en connaissance d'idées nouvelles qu'avec la plus extrême lenteur, grâce encore à une éducation qui n'est faite que pour lui. Ce fait seul indique son infériorité ; l'aveugle est isolé du monde par la perte de la vue ; tandis que l'intelligence plus que l'oreille fait du sourd-muet un être à part.

L'éducation peut donc modifier considérablement le sourd-muet, le régulariser dans ses besoins et ses appétits, refréner ses passions, en faire enfin un être sociable, mais souvent il restera quelque tare qu'on ne fera disparaître qu'au prix des soins les plus assidus.

C'est ainsi que nous voyons cet égoïsme dont nous avons parlé disparaître difficilement.

Dans ce qu'on pourrait appeler l'état de nature, le sourd-muet était colère et vindicatif. Après être resté pendant plusieurs années dans ces institutions spéciales où il se trouve pourtant en contact journalier avec des enfants souds-muets comme lui, il lui reste ce caractère *soupçon-x*, si caractéristique, que plusieurs d'entre eux reconnaissent volontiers la chose.

Il est certain que le commerce de la société et l'éducation atténuent bien des défauts, mais il reste cependant au sourd-muet quelque chose de singulier, de bizarre dans le caractère qui nous a porté à rechercher si, en dehors du mutisme, des ennuis qu'il comporte, il n'y avait pas une cause particulière permettant d'expliquer ce qu'on a appelé leur *caractère impulsif*.

M. le professeur Lasègue ayant publié dans les Archives générales de médecine un travail intitulé les *Cérébraux*, nous avons été frappé des ressemblances que nous avons découvertes entre ces cérébraux et certains de nos sourds-muets ; nous allons nous expliquer.

« Un enfant du premier âge, dit M. Lasègue, est dans les bras de sa bonne, elle le laisse tomber. L'enfant s'en trouve un peu éclopé ; on le soigne, on lui applique des compresses froides, des sangsues derrière les oreilles, etc. Il est guéri au bout de vingt-quatre ou quarante-huit heures, c'est une petite aventure et un petit mal, l'enfant ne paraît plus s'en ressentir.

« Mais après quelques semaines ou quelques années, on s'aperçoit qu'il dort moins bien, il est moins gai, bizarre, il a des fantaisies, quelques troubles de santé légers ; on n'y fait pas attention, « cela passera avec l'âge, » dit-on, et on le met en pension. Rien de particulier jusqu'à l'âge de 7 à 8 ans, qu'on pourrait appeler l'âge de puberté cérébrale, ou jusqu'à l'âge de 15 à 18 ans, époque encore décisive. Il survient alors des accidents cérébraux d'un ordre particulier qui étonnent le médecin et lui font dire : « Je ne connais pas cela. » Vous prononcez timidement le nom de méningite possible, ou les parents l'ont prononcé avant vous; mais les symptômes indécis ne répondent pas au type des méningites vraies.

« Cet enfant, en vertu de sa blessure guérie n'est plus comme les autres, et les accidents se produisent chez lui sous des aspects insolites, sans rapport apparent, sauf le siège du mal, avec les accidents qu'il a eus à l'âge d'une année..... Ces traumatismes ont eu pour résultat de faire du cerveau un terrain sans parité avec le terrain cérébral d'un individu indemne..... Il existe donc une catégorie d'individus touchés cérébralement et, si vous me passez ce mot, ayant perdu leur virginité cérébrale, sujets, du fait de ce précédent, à des affections cérébrales d'un ordre particulier. Je les appelle des *cérébraux*. »

Avant d'aller plus loin, je ferai remarquer le rapport qui existe entre ces individus touchés cérébralement et certains sourds-muets. En dehors du mutisme qui rend ces derniers évidemment inférieurs, n'y a-t-il pas une ressemblance frappante dans la manière d'être, dans ces bizarreries, ces fantaisies qui reconnaissent pour cause éloignée des accidents de même nature. Mais si nous poursuivons, nous trouvons l'analogie plus frappante encore.

M. Lasègue a nommé *délire par accès* une forme d'aliénation qui, selon lui, se développe essentiellement chez les cérébraux proprement dits :

« Un enfant a été pris de convulsions à l'âge de 4 ou 6 ans, ces convulsions se répètent deux autres fois, il n'en est plus question au bout de quelques jours. On le considère comme guéri, mais c'est à tort ; à partir de ce moment il est entré dans la catégorie des cérébraux.

« Vers 13 ou 15 ans il est au collège, on le voit changer tout à coup d'habitudes, de goûts ou de caractère; de bon élève il devient mauvais, il se butte contre les maîtres, on doit même le retirer pour le prendre à la maison. Là on finit par en faire un bachelier.

« La famille se réjouit à la pensée qu'il ne reste aucune trace de sa maladie; c'est encore inexact, il a un point défectueux et ce point, quel qu'il soit, il faut le chercher minutieusement : tantôt c'est une irritabilité sans propos, une incapacité passagère de travail, de la perte de la mémoire à certains moments, de la dépression ou de l'excitation sans motifs.

« L'enfant, devenu un homme, part un jour de chez lui, entre dans une église, y voit un prédicateur, l'*apostrophe grossièrement*. On l'emmène et on peut constater tous les signes de l'excitation maniaque du délire aigu. La veille ou le matin il faisait son travail comme à l'ordinaire.

« Il reste ainsi délirant 8 a 10 jours, on l'interne, et avant un mois on dit : Il va bien, il est guéri.

« Cette crise ne sera pas la seule. A partir de ce moment cet homme appartient aux crises, qu'elles se manifestent sous la forme intellectuelle ou sous la forme physique.

« Ces crises n'ont ni durée, ni forme obligée; au bout de quelques jours le malade reprend sa vie habituelle.

Nous allons mettre en regard de ce tableau les observations suivantes. Le premier sujet a été examiné aussi par M. Lasègue.

Obs. I. Le nommé X..., actuellement interné dans une maison de santé particulière, est sourd-muet. Il est marié et a des enfants.

Il a entendu et parlé jusqu'à l'âge de 4 ou 5 ans, il a eu une fièvre cérébrale à la suite de laquelle il est devenu sourd. Il a perdu l'usage de la parole.

Il s'est fait remarquer par un caractère original et bizarre. Mais il est intelligent, il a appris à écrire, instruit par la méthode des signes. Il a voyagé beaucoup en Chine, au Japon; il a beaucoup observé et non moins retenu. Marié et père de famille, il aime sa femme et ses enfants et semble à l'ordinaire très doux et très affectueux, ses sentiments religieux sont très développés, mais il entrait parfois dans des colères extravagantes qui lui laissaient de vifs remords.

Il y a deux mois environ, il a eu un accès de manie qui a failli coûter la vie à sa femme et à ses enfants. On l'a interné, et bientôt il a manifesté le plus grand repentir.

Aujourd'hui, il paraît complètement guéri; il écrit à sa femme et à sa filles des lettres touchantes malgré leur style singulier.

On remarquera que le sieur X... a présenté les particularités indiquées par M. Lasegue comme caractéristiques de l'état des cérébraux.

M. Lasègue a distingué deux types principaux :

Dans la première catégorie on rencontre des *délires impulsifs* instantanés constituant une variété épileptoïde. Dans un cas cité, on vu deux tentatives de suicide et une tentative de meurtre; le lendemain esprit parfaitement lucide se rappelant la scène de la veille, il n'y a pas de traces de folie ou de déviation intellectuelle, mais un peu de paresse d'esprit et une défiance manifeste de soi-même.

Le deuxième type est moins accentué, il laisse dans les périodes lucides une infériorité intellectuelle très marquée, avec sensation de lassitude cérébrale.

Le sourd-muet dont nous avons parlé et la sourde-muette qui est l'objet de l'observation qui suit appartiennent très nettement au premier type.

Obs. II. Jeanne B..., âgée de 22 ans, sourde depuis l'âge de 3 ans, à la suite de convulsions légères qui se sont renouvelées plusieurs fois. Avant d'être sourde elle disait : papa, maman et toutou.

Elevée dans un établissement public, on a pu avoir des renseignements assez précis. Elle a toujours paru douée d'une intelligenee assez vive, a appris rapidement à écrire, elle était fort douce, mais de temps à autre paraissait éprouver le besoin de briser quelque chose.

A sa sortie de l'établissement, on l'envoya à la campagne où elle remplit les fonctions de servante de ferme.

Au mois de mars 1878, se trouvant seule dans la basse-cour, elle étrangla de ses mains quantité de poulets et de pigeons. Surprise par les gens de la ferme, elle se sauva et courut se noyer, mais put être heureusement sauvée. On eut beaucoup de mal à la maintenir enfermée et couchée, mais le lendemain même elle se jetait aux pieds de son maître, montrant par son attitude et ses gestes, non seulement qu'elle se repentait, mais encore qu'elle se souvenait de tout ce qu'elle avait fait la veille.

Une troisième observation nous montre des faits analogues, mais comme il nous a été impossible d'en contrôler l'exactitude, nous nous en tiendrons là.

En admettant même qu'il n'y ait dans ces faits et dans

ceux qu'a interprétés M. Lasègue qu'une simple coïncidence, nous pensons qu'il est cependant intéressant de les signaler.

Nous irons plus loi et nous dirons que chez certains sourds-muets l'origine même de la surdité les a mis dans une situation semblable à celle des cérébraux, qu'ils sont eux-mêmes en un mot des cérébraux.

Si à cet état particulier cérébral vient s'ajouter la surdité et le mutisme, on comprendra combien ces malheureux sont inférieurs aux entendants-parlants. Mais l'éducation peut faire beaucoup pour eux, et cependant s'ils se trouvent avoir un accès tel que ceux que nous avons décrits, leur responsabilité criminelle disparaîtra; non pas comme on l'a dit trop souvent, parce qu'ils sont sourds-muets, mais parce qu'ils sont dans un accès de manie ou de délire.

Ce qui précède nous amène naturellement à dire quelques mots de la responsabilité criminelle et de la capacité civile des sourds-muets.

L'article 64 du Code pénal s'exprime ainsi : « Il n'y a ni crime, ni délit, lorsque le prévenu était en état de démence au temps de l'action, ou lorsqu'il a été contraint par une force à laquelle il n'a pu résister. »

Il est certain que le sourd-muet qui n'a reçu aucune instruction doit bénéficier de cet article, que la surdité soit congénitale ou qu'elle soit survenue peu d'années après la naissance, car dans ce dernier cas, le peu de connaissances acquises ne permet pas le discernement.

Comme le fait remarquer avec raison Hoffbauer, il est difficile pour ne pas dire impossible aux sourds-muets abandonnés à eux-mêmes de s'élever aux abstractions des objets dont les individualités ne frappent aucun des sens.

Telles sont les notions du droit, de la nécessité, des mots, qui ne sont déjà eux-mêmes que des abstractions.

Mais tous les auteurs sont d'accord pour accorder une responsabilité pleine et entière aux sourds-muets qui ont reçu les bienfaits de l'éducation. Marc (*De la Folie*) nous signale la différence énorme qu'il y a sous ce rapport entre l'imbécile et le sourd-muet. Cherchez à améliorer par l'éducation l'intelligence d'un imbécile, vous parviendrez à peine, et seulement lorsque la faiblesse d'esprit sera voisine de la raison, à lui donner quelques notions vagues et imparfaites sur des sujets abstraits ; vous échouerez complètement dans tous les cas où l'intelligence sera à peu près nulle. Quelle différence entre ces résultats et ceux qu'on obtient quelquefois chez les sourds-muets. On pourrait dire que l'imbécillité est la mort de l'intelligence et que la surdi-mutité en est le sommeil.

Casper est plus sévère pour les sourds-muets, il les considère comme des êtres déchus qui peuvent à peine acquérir quelques notions élémentaires de morale et de religion.

Selon le célèbre médecin-légiste de Berlin les affaires criminelles concernant les sourds-muets sont rares, parce que au peu de développement de leurs facultés morales se joint un très faible développement de leurs facultés appétitives. Cette explication est peut-être exacte, mais elle a besoin d'être vérifiée ; elle semblerait il nous semble, en désaccord avec ce qu'on observe chez le jeune sourd-muet qui obéit si facilement aux impulsions. Cependant M. Lasègue pense que le sens génésique est en quelque sorte beaucoup moins exigeant chez les sourds-muets que chez les aveugles et que sous le rapport de l'impulsion génésique ces derniers sont plus dangereux (communication orale).

Le médecin peut avoir à intervenir comme expert pour connaître l'état mental d'un sourd-muet. Pour savoir s'il faut lui laisser l'administration de ses biens, lui nommer un conseil judiciaire ou l'interdire. L'article 936 du Cod civil s'exprime ainsi : « Le sourd-muet qui saura écrire pourra accepter lui-même ou par un fondé de pouvoir. S'il ne sait pas écrire, l'acceptation doit être faite par un curateur nommé à cet effet, suivant les règles établies au titre de la minorité de la tutelle et de l'émancipation. »

Nous publions ci-après une observation de Casper. Il s'agit d'un sourd-muet qu'il a été chargé d'examiner par deux fois successives, afin de lui reconnaître ou de lui refuser la capacité de contracter suivant la loi allemande. Cette observation nous montre les bienfaits de l'éducation et elle contient un éloge très sincère de l'enseignement oral.

Obs III. (Casper). — Ce cas offre un exemple consolant. neuf ans après une première exploration nous trouvâmes une différence énorme dans l'état mental d'un sourd-muet. Le tuteur avait demandé que sa tutelle fût levée, disant que son pupille, ayant été pendant neuf ans dans l'établissement des sourds-muets, était en état de s'entretenir par écrit avec n'importe qui. Nous allons montrer jusqu'où allait cette intelligence dans la première exploration en 1842.

— Quand êtes-vous né ? — A Berlin le 4 avril 1822.

— Avez-vous de la fortune et combien ? — 441 thalers.

— Où est cet argent ? — Chez le propriétaire de la maison.

— Donneriez-vous cet argent à n'importe quel propriétaire ?.

— Pas de réponse.

— Demandez-vous une garantie du propriétaire? — Je demande 4 thalers 15 gros pour 100.

— Une fois par an? — Oui.

— Ne demandez-vous que sa promesse de vous donner tous les ans 4 thalers 15 gros pour 100? Doit-il vous donner quelque chose par écrit? — Oui.

— Par exemple un morceau de papier? — Je puis aussi écrire autrement.

— Si le propriétaire ne vous donnait ni vos 441 thalers, ni vos 4 thalers pour 100, que feriez-vous? — Je puis le laisser, et 9 pour 100, 3 thalers, 15 gros, etc.

« On ne pouvait pas d'après cela être d'avis qu'on levât la tutelle. Neuf ans plus tard en 1851, la demande fut répétée et fondée sur une grande quantité d'attestations du directeur de l'établissement des sourds-muets, d'un des premiers imprimeurs de la ville chez lequel N... travaillait depuis longtemps; ses camarades joignaient des témoignages également très favorables. Je le visitai plusieurs fois et je vis quel énorme progrès il avait fait. N... s'exprimait beaucoup mieux, il *parlait* d'une manière assez compréhensible et l'on devait admettre que les personnes qui l'entouraient devaient le comprendre. Il avait par là un moyen de communication bien précieux dont les succès sautaient aux yeux.

« Il répondait très bien à toutes les questions concernant son métier, son gain, l'art de l'administrer, ses économies et aux questions d'arithmétique.

« D'après cela, je pus déclarer que N... était capable de contracter et n'avait plus besoin d'un tuteur. »

En France, le sourd-muet instruit peut contracter, et même le sourd-muet qui ne sait ni lire ni écrire mais qui n'est pas idiot, ne peut être présumé incapable de contracter; il n'est pas compris en effet, à l'article 1124 du Code civil parmi ceux qui sont incapables de contracter. Les tribunaux ont tout pouvoir pour apprécier le degré de son intelligence. Il peut contracter mariage lorsqu'il est capable de donner un consentement réel à cet acte.

Mais une difficulté a été soulevée, à l'effet de savoir si le sourd-muet pouvait faire un testament par acte public.

Art. 969 C. civ. Un testament pourrra être olographe, ou fait par acte public ou dans la forme mystique.

Art. 971. Le testament par acte public est celui qui est reçu par deux notaires, en présence de deux témoins, ou par un notaire en présence de quatre témoins.

Art. 972. Si le testament est reçu par deux notaires, il leur est dicté par le testateur, et il doit être écrit par l'un de ces notaires, tel qu'il est dicté par le testateur, et écrit par ce notaire. Dans l'un et l'autre cas, il doit en être donné lecture au testateur en présence des témoins.

Art. 979. En cas que le testateur ne puisse parler, mais qu'il puisse écrire, il pourra faire un testament mystique à la charge que le testament sera entièrement écrit de sa main etc.

Comme on le voit, l'article 979 s'applique aux sourds-muets; mais on a cependant soulevé la question ds savoir s'ils peuvent faire un testament par acte public; il y a eu sur cette question plusieurs arrêts contradictoires de la Cour de cassation.

Aujourd'hui, grâce à la parole que peuvent apprendre les sourds-muets, la question se résout d'elle-même par l'affirmative.

Nous pouvons maintenant résumer en quelques lignes ce que nous avons dit de l'intelligence du sourd-muet:

Avant toute éducation, le sourd-muet doit être mis sur le même rang que l'imbécile; il est irresponsable.

L'instruction et l'éducation ont pour but d'éveiller l'intelligence du sourd-muet. Elles y réussissent; mais à part quelques exceptions, et malgré l'acquisition d'un plus ou moins grand nombre d'idées abstraites, le sourd-muet est dans un état intellectuel inférieur à celui de la moyenne des entendants-parlants. Souvent ses idées abstraites sont comme apprises par cœur; c'est pourquoi le sourd-muet, surtout s'il a été instruit par la méthode des signes; semble parler par *aphorismes*. Les droits du sourd-muet instruit par les signes sont *à peu près* les mêmes que les nôtres; ils sont tout à fait *identiques* chez les sourds-muets instruits par la parole.

Il existe chez un grand nombre de sourds-muets, ceux surtout dont la surdité est d'origine cérébrale, un état qui les rapproche des cérébraux décrits par M. le professeur Lasègue.

APERÇU HISTORIQUE

SUR L'ART D'INSTRUIRE LES SOURDS-MUETS.

Tous les auteurs qui ont fait des recherches sur l'art d'instruire les sourds-muets s'accordent à diviser cette intéressante histoire en deux périodes. La première comprend tout ce qui a été dit ou écrit sur les sourds-muets jusqu'à la fin du siècle dernier ou plus exactement jusqu'à l'époque des travaux et publications de l'Abbé de l'Epée. La deuxième partie comprend ce qui s'est fait depuis la publication de l'*Instruction des sourds-muets par la voie des signes méthodiques*, ouvrage de l'abbé de l'Epée.

Il semblerait au premier abord que tout ce qui se rattache à la première période dût être long à étudier. Malheureusement il n'en est rien; nous disons malheureusement, car les premières tentatives connues pour améliorer le sort des malheureux privés de l'ouïe ne remontent pas au delà du XVIe siècle. On a bien prétendu, il est vrai, que Jean de Beverley, archevêque d'York, mort en 721 avait appris à parler à un sourd-muet; quant aux détails, ils restent dans l'ombre et nous devons nous contenter d'une simple affirmation.

Si nous remontons plus haut dans l'histoire, nous voyons que non seulement on ne cherchait pas à les instruire, mais que l'ignorance et la superstition faisaient de véritables victimes, des sourds-Muets.

A Sparte, les lois de Lycurgue les livraient à la mort. On fit de même à Rome, dans les premiers temps.

Les Juifs, dit-on les considéraient comme des aliénés. Aristote ne parle d'eux que pour les classer au rang des idiots et leur refuser toute marque d'intelligence.

Pline dit dans son Histoire naturelle que l'homme qui a été privé du sens de l'ouïe, ne peut connaître la parole.

Et comme pour tous, la parole est la grande différence entre l'homme et les animaux, ils arrivent par une légitime conclusion à les considérer comme les derniers des hommes.

Les droits civils dont jouissaient les sourds-muets sous les lois romaines étaient considérablement limités. Cependant le soin avec lequel Justinien les classe en catégories diverses, semble indiquer qu'on s'était occupé sérieusement de leur sort longtemps déjà auparavant.

Ainsi Justinien les a divisés en cinq classes : 1° le sourd et muet chez lequel cette double infirmité est naturelle ; 2° le sourd et muet chez lequel cette double infirmité est l'effet d'un accident survenu dans le cours de la vie ; 3° le sourd qui n'est pas muet, mais dont la surdité est naturelle (cette catégorie de sourds-parlants est absolument impossible à admettre) ; 4° celui qui est devenu sourd simplement, par accident ; 5° celui qui est muet sans être sourd.

Malheureusement, au point de vue médical, nous sommes absolument privés de renseignements.

Chose étrange, même de nos jours la surdi-mutité est à peine étudiée dans les livres qui traitent des maladies de l'oreille.

Nous avons entre les mains un remarquable traité de l'oreille humaine, de Valsalva, publié en 1704. (*De aure humanâ tractatus, auctore Antonio Maria Valsava*). Nous avons voulu rechercher ce que l'auteur disait de la surdité ; il ne parle guère que de ses causes, mais il le fait en maître. Il cite les lésions de l'oreille externe, de la trompe d'Eustache, de la membrane du tympan, des osselets, de l'ouïe, des cas de surdité causés par l'accumulation de cérumen : « Surditatis a nativitate certa species induci potest a materia quadam, quæ ab infantis meatu auditorio, veluti deberet, non excidat. Quæ surditatis a nativitate species omnino incurabilis non erit. » Plus loin, il examine une femme sourde : « Inveni, et totum insuper tympani ab informibus fibrosis veluti excressentiis occupatum vidi. »

Il est bien certain que depuis 1704 la question n'a pas fait de progrès sensibles, quant à l'étiologie de la surdité. L'enseignement à tirer de ces faits, c'est que le sort des sourds-muets jusqu'au XVIᵉ siècle, a préoccupé ceux qui les entouraient au même titre que celui des idiots, des malheureux que l'on regardait comme possédés du démon.

Jérôme Cardan, de Pavie, né en 1501, mort en 1576, a le premier, assurément, publié quelque chose touchant l'instruction des sourds-muets. — Médecin, mathématicien, philosophe, il a conçu le premier l'idée de la méthode intuitive. « Le sourd-muet, dit-il, conçoit par la pensée que le mot *pain*, par exemple, tel qu'il est écrit, signifie cet objet qui lui est montré en même temps ; sa mémoire retient cette signification ; il contemple dans son esprit les images des choses... » Idée parfaitement juste et que devront méditer ceux qui étudient aussi bien la méthode des signes que celle de la parole. Malheureusement Jérôme Cardan ne s'est pas appesanti sur cette question.

Pedro de Castro, premier médecin du duc de Mantoue, apprit, dit la légende, à parler au fils du prince Thomas de Savoie.

Celui qu'on peut appeler le véritable fondateur de l'art d'instruire les sourds-muets fut un bénédictin espagnol, Pierre de Ponce. Il n'écrivit rien, mais il fit des élèves, et l'un d'eux, particulièrement Bonet, laissa un traité inspiré de ses principes.

Pierre de Ponce, dit un contemporain, pour faire parler les sourds-muets, leur apprenait d'abord à écrire, en leur montrant du doigt des objets qui étaient exprimés par des caractères écrits ; ensuite il les exerçait à répéter par l'organe vocal les mots qui correspondent à ces caractères.

Comme nous l'avons dit, Pierre de Ponce ne publia aucun écrit sur l'art de faire parler les sourds-muets. On croit généralement qu'il laissa après lui des indications assez précises pour être étudiées et suivies. Jean-Paul Bonet, qui écrivit le premier traité sur l'art d'instruire les sourds-muets, a-t-il été, comme nous l'avançions plus haut, un véritable disciple de Pierre de Ponce ? Nous ne voulons pas discuter ce point, mais ce que nous pouvons affirmer, c'est que le premier ouvrage publié sur cette question appartient à Bonet et a été imprimé à Madrid en 1620. « Les sourds-muets, selon Bonet, ont une extrême habileté à saisir tout enseignement qui leur est donné à l'aide de la vue, et à y chercher les moyens de suppléer au défaut de l'audition ; c'est de cet instrument qu'il faut s'emparer, pour leur enseignement, en remplaçant le *son* que les lettres expriment par leurs *formes*. »

Cette dernière phrase résume en vérité toute la méthode. Bonet, pour arriver au but désiré, se sert d'un *alphabet manuel* et du langage artificiel. Il commence par faire apprendre le premier, dont il n'est pas l'inventeur, comme il l'avoue lui-même. Pour obtenir l'articulation, « on exerce le sourd-muet à disposer sa langue, ses dents et ses lèvres, dans la situation convenable pour l'émission de chaque lettre, et on lui fait ensuite exhaler le souffle nécessaire pour produire la voix. » Vient alors une description des diverses positions des organes vocaux ; pour imiter les positions et inflexions de la langue, il se sert d'une langue de cuir. Mais il n'apprend à parler aux élèves qu'après qu'ils sont bien familiarisés avec l'alphabet manuel. La dernière partie de l'ouvrage de Bonet est consacrée à de véritables recherches pédagogiques sur lesquelles, malgré leur intérêt, nous ne pouvons pas insister.

Degerando nous fait remarquer avec raison que l'ouvrage de Bonet contient les germes des principaux procédés qui ont été plus tard développés et régularisés. Il a attaché une égale importance à l'enseignement mimique et à l'enseignement oral, et à l'heure actuelle les deux écoles en présence peuvent se réclamer de lui. L'abbé de l'Epée avait appris l'espagnol. pour pouvoir le lire; Rodrigues Pereire, qui le comprenait dans le texte, fut heureux de s'en servir. Il est certain toutefois que Bonet n'enseigna pas à ses élèves à lire sur les lèvres.

Vers la même époque, c'est-à-dire au commencement du XVIIe siècle, plusieurs ouvrages furent publiés en Italie. L'iustre professeur de l'université de Padoue, Fabrice d'Acquapendente, écrivit deux traités, l'un sur les phénomènes de la vision, de la voix, de l'ouïe (*De visione, voce, auditu*), l'autre sur la parole et ses instruments (*De locutione et ejus instrumentis*) ; on trouve dans ces ouvrages des aperçus sur les sourds-muets et l'art de les instruire. Il a été publié un peu plus tard par Jean Boniface un traité : *De l'art des lignes, à l'aide duquel la parole se rend visible*, qui, malgré son titre, a peu de rapports avec notre sujet.

Comme nous venons de le voir, l'art d'instruire le sourd-muet, dont le berceau se trouve inconstestablement en Espagne, avait été soupçonné en quelque sorte par les Italiens.

L'Angleterre vint bientôt se mettre de la partie, et dès 1648 John Bulwer fit paraître sur les sourds-muets plusieurs publications très intéressantes, telles que le Philocophe ou l'ami des sourds-muets, l'Art de la rhétorique manuelle, et le Langage naturel de la main ; malheureusement ces deux derniers ouvrages ne sont connus que par leurs titres, mais ils montrent que Bulwer s'attachait particulièrement à enseigner la mimique.

C'est pour cette raison que le Dr Wallis pouvait écrire de bonne foi, en 1700 : « J'exécute un travail qui n'a été encore tenté par aucune autre personne. » Il réussit en effet, à partir de 1660, à instruire plusieurs sourds-muets, et il expose sa méthode dans le *Traité grammatico-physique* de la parole qui fait partie de sa *Grammaire anglaise* et dans une lettre tirée de ses œuvres mathématiques. « Je n'ai pas appris seulement, dit-il, à ces sourd-muets à prononcer distinctement ; mais encore à exprimer les pensées de leur esprit, par la parole ou par l'écriture, à lire et à comprendre ce qui était écrit par les autres. »

Pour atteindre ce but, Wallis employait l'écriture et la lecture, l'alphabet manuel, l'induction logique aidée des exemples et les gestes empruntés au sourd-muet. (Degeando.

Il n'employait pas, comme plus tard l'abbé de l'Epée, un système particulier de signes, mais il se servait de signes appratenant au sourd-muet lui-même. Ayant étudié le mécanisme de la parole avec soin, il se servit de ses connaissances pour faire parler les sourds-muets et corriger les vices de prononciation.

La fin du XVIIe siècle fournit encore deux hommes dont les écrits ont donné lieu à de nombreuses controverses : Van Helmont et Conrad Amman.

Van Helmont ou Wanhelmont était le fils du très illustre médecin qui démontra expérimentalement l'existence des gaz. Esprit bizarre et inventif, il voulut rechercher l'origine des langues, et, après avoir étudié l'hébreu, il crut avoir trouvé la langue naturelle à l'homme, et, pour le prouver, il résolut de faire apprendre l'hébreu aux sourds-muets. Cette idée, au moins étrange, l'amena à étudier le mécanisme de la voix humaine, et là encore son génie inventif put se donner libre carrière. Le titre de son ouvrage mérite d'être ciié : « Alphabeti vere naturalis hebraïci brevissima delineatio, quæ simul methodum suppeditat juxta quam qui surdi nati sunt sic informari possunt, ut non alios saltem loquentes intelligant, sed et ipsi ad sermonis usum veniant. » Van Helmont fit faire 36 images représentant 36 têtes dont les joues enlevées permettent de voir les diverses positions de l'appareil phonateur dans l'articulation des différents sons. M. Vaïsse, ex-directeur de l'Institut national, paraît s'être inspiré de Van Helmont en publiant, il y a quelques années, un opuscule à la suite duquel on trouve des planches analogues.

Conrad Ammam, médecin suisse fixé en Hollande, s'occupa au même moment que Wallis et Van Helmont de l'articulation du langage et en fit le sujet d'un intéressant traité intitulé : Dissertation sur la parole, traduit en 1778 par Beauvais de Préau, médecin à Orléans.

Ammam eût le mérite, grand à nos yeux, d'insister sur les avantages de la lecture sur les lèvres ; il est même un des premiers, sinon le premier, qui ait attaché une réelle importance à cet exercice. Le mécanisme de la parole est étudié dans son livre d'une façon ingénieuse, mais sa méthode d'enseignement laisse beaucoup à désirer. Les considérations générales qui sont en tête de l'ouvrage indiquent un esprit peu précis et les amateurs de controverses étranges liront avec curiosité le passage ou Ammam établit le parallèle entre la parole des hommes, celles des anges et celle des perroquets. Mais on trouvera aussi des détails bons à retenir au point de vue de la mécanique proprement dite de l'articulation.

En Allemagne, Kerger et Raphel appliquerent la méthode d'Ammam en lui faisant subir de nombreuses modifications. On pourrait citer de nombreux instituteurs allemands du XVIIIe siècle ; parmi ce grand nombre les plus connus sont Arnoldi et Henricke, le rival de l'abbé de l'Épée.

Kerger et Arnoldi employaient le dessin. Ce dernier fit même enseigner la religion au moyen de 150 dessins. Tous deux employaient consécutivement les signes mimiques, l'enseignement de la lecture et de l'écriture et l'articulation artificielle.

Kerger, qui considérait la pantomine comme très importante, avait songé à instituer une pantomine universelle.

Enfin, Schweinhagen aurait institué une méthode d'enseignement du sourd-muet ne comprenant que l'écriture et le dessin ; les détails exacts font complètement défaut.

Nous voici près du terme fixé pour la première période

de l'histoire de l'enseignement des sourds-muets; nous allons examiner les travaux de trois hommes dont l'influence (au moins pour deux d'entre eux) se fait toujours sentir; nous avons nommé en Allemagne, Henricke, en France, Pereire et l'abbé de l'Épée.

Henricke, directeur de l'Institution des sourds-muets de Leipsick, se servit d'une façon fort intelligente de tout ce qui avait été fait ou écrit avant lui.

Il employa, pour instruire les sourds-muets, la lecture, l'écriture, la prononciation artificielle et l'alphabet manuel, mais il regardait la prononciation comme absolument indispensable. Ses succès ont été considérables, et cependant il ne paraît pas avoir fait beaucoup plus que ceux qui l'ont précédé. L'introduction dans la bouche d'instruments destinés à rendre la langue plus souple, ou bien encore la recherche des variations du goût pouvant servir à l'articulation nous paraissent être des détails peu dignes de fixer l'attention et destinés simplement peut-être à émerveiller le vulgaire. Mais il faut reconnaître que son talent et son habileté, joints á une activité prodigieuse, ont justement attiré sur lui l'attention de ses contemporains,

Henricke a laissé de nombreux travaux parmi lesquels il faut citer surtout ses *Observations sur les muets et sur la parole. — Le traité des découvertes importantes en psychologie et sur le langage humain.—Instruction sur la manière d'insinuer aux sourds-muets des idées abstraites*, etc.

Il s'est rendu célèbre en France par sa controverse avec l'abbé de l'Épée.

Nous venons de voir dans tont ce qui précède que partout, en Italie, en Espagne, en Hollande, en Angleterre et en Allemagne enfin, partout on s'occupait pendant les deux derniers siècles du sort des malheureux sourds-muets. Dans la patrie de Voltaire et des encyclopédistes on ne tenta absolument rien, jusqu'à ce qu'un étranger vînt en 1746 montrer ce qu'il était possible de faire.

L'abbé de l'Épée et ceux que nous avons précédemment cités ont eu sur Pereire une incontestable supériorité. Non seulement ils ne craignaient pas la lumière, mais ils la réclamaient, recherchant de toutes parts les discussions qui pouvaient donner unc clarté nouvelle à ces questions si intéressantes. Pereire, au contraire, vécut toujours dans le mystère ; nous en sommes encore à connaître la raison.

Mais c'est assez parler de l'homme, il nous paraît plus utile de dire quelques mots de la méthode. A ceux qui voudront connaître la vie et les travaux de Séguin, nous recommandons la notice très détaillée de Pereire, qui s'est fait le défenseur enthousiaste du premier instituteur des sourds-muets en France.

S'il en est d'une méthode d'enseignement comme du traitement d'une maladie, si on doit la juger par ses résultats, la méthode de Pereire devait être excellente, car il a laissé des élèves tels que Saboureux de Fontenay, Solier, La Voulte, qui sont restés comme l'éloge vivant des travaux de leur maître.

Pereire divise les sourds-muets en trois espèces :

« Les sourds-muets dont la surdité est totale ou absolue constituent la première espèce ; la seconde comprend tous ceux qui ont l'ouïe sensible à des bruits plus ou moins grands, sans pouvoir néanmoins avoir aucune idée des sons de la voix ; et enfin, les muets qui composent la troisième classe, sont ceux qui joignent à la sensibilité des bruits la faculté de distinguer quelques-uns des sons de la voix. »

Les différences dans la pratique de l'enseignement sont fondées sur cette division.

Pereire pour communiquer avec ses nouveaux élèves se servait de la *Dactylologie.*

Ce procédé n'est connu que par ce qu'en a dit Saboureux de Fontenay : « Il me faut maintenant expliquer l'alphabet manuel dont M. Pereire se sert pour s'épargner l'inconvénient d'avoir la plume à la main, afin d'éviter la lenteur de l'écriture dans l'instruction des sourds-muets, et dont mon oncle et M. Pereire ont fait usage pour m'instruire de la religion.

« C'est une espèce d'alphabet manuel à l'espagnole, contenu dans les cinq doigts d'une seule main. Il est composé des vingt-cinq signes des lettres de l'écriture courante, sans y comprendre ces deux K et W, qui ne sont point en usage dans la langue française, et, en outre, des signes que M. Pereire a inventés dans la seule vue de faire concorder exactement cet alphabet manuel avec les lois de l'orthographe et de la prononciation française.

« Ainsi il y a autant de sons de la prononciation, qui sont au nombre de trente-trois ou trente-quatre, et autant de liaisons de lettres de l'écriture ordinaire, qui se montent à trente-deux et plus, qu'il y a de signes dans l'alphabet manuel, que je nomme pour cette raison *dactylologie*, mot adopté par M. Pereire... On voit qu'elle renferme en tout plus de quatre-vingts signes. Dans cette dactylologie on se sert de la main comme de la plume pour tracer en l'air les points, les accents, pour marquer les lettres grandes et petites et les abréviations usitées ; on fait remarquer dans le mouvement des doigts les repos longs, moyens, brefs et très brefs que l'on observe dans la prononciation. La dactylologie contient aussi les signes des unités, des dizaines, etc., de façon à exprimer expéditivement les grands nombres et les opérations d'arithmétique ; ainsi la dactylologie est aussi commode, aussi prompte, aussi rapide que la prononciation même, et aussi expressive que l'écriture. »

« Le mystère de tout cela, dit Pereire dans son Mémoire à l'Académie des sciences, consiste en ce que ma dactylologie n'a pas moins en vue les sons du langage que les lettres dont on se sert pour les indiquer ; et que par conséquent chaque position particulière des doigts y désigne à la fois, d'une part, la disposition et l'action des organes de la parole propres à produire le son, et, d'autre, part, le caractère ou les caractères que l'orthographe usuelle exige pour représenter ce même son. »

Nous résumerons avec Séguin la méthode de Pereire :

Une application limitée aux premiers rapports entre le maître et l'élève des signes naturels institués par le sourd-muet avant toute éducation.

Une application de la mimique générale qui exprime les affections de l'âme.

Une dactylologie, sorte de syllabaire servant de moyen de communication, de procédé artificiel pour faire articuler et de procédé mnémotechnique pour aider à l'émission de la parole spontanée.

Une théorie de l'articulation de la langue française pour l'enseignement de la prononciation et pour celui de la lecture sur les lèvres.

Des gymnastiques spéciales de la vue et du tact dirigées dans le but de faire percevoir par ces deux sens tous les phénomènes physiques destinés à être perçus par l'ouïe dans l'individu normal.

Péreire avait déjà remporté déjà des succès éclatants, et

l'Académie des sciences, sur le rapport de trois commissaires, de Mairan, Ferrein et Buffon, lui avait adressé des éloges mérités; mais, comme nous l'avons dit précédemment le nombre de ses élèves était très limité, soit par suite du prix qu'ils devaient payer, soit à cause du temps que le maître consacrait à chacun et qui ne lui permettait pas d'en instruire plus d'un ou deux à la fois. L'abbé de l'Epée, qui s'était occupé un jour d'être utile à deux jeunes filles sourdes-muettes dont l'éducation avait été ébauchée, résolut de poursuivre ses études de ce côté, et dans le but de pouvoir instruire à la fois un grand nombre de sourds-muets, il imagina de se servir des signes naturels assujettis à une *méthode*, c'est-à-dire des *signes méthodiques*. Il ne fut pas, comme on pourrait être tenté de le croire, l'adversaire de la parole chez le sourd-muet, au contraire, il la considérait comme une chose excellente, et nous ne pouvons mieux faire que de reproduire ici quelques-unes des appréciations de l'inventeur des signes méthodiques sur l'enseignement des sourds-muets par la parole.

« Le monde n'apprendra jamais à faire courir la poste à ses doigs et à ses yeux pour avoir le plaisir de converser avec les sourds-muets. L'unique moyen de les rendre totalement à la société est de leur apprendre à entendre des yeux et à s'exprimer de vive voix.

« Nous y réussissons avec les nôtres, quoique nous ne vivions pas avec eux, et qu'ils ne viennent à nos leçons que deux fois par semaine. Il n'est rien, absolument rien, qu'ils ne puissent écrire sous la dictée de vive voix, et *sans leur faire aucun signe.*

« Voilà ce qu'il s'agit de perfectionner, et on y arriverait infailliblement s'il y avait des maisons d'éducation, consacrées a cette œuvre.

« ... Apprendre à des sourds-muets de quelle manière ils doivent disposer leurs organes pour rendre des sons et former des paroles distinctes est une opération qui n'est certainement ni longue ni difficile.

« Trois ou quatre leçons avancent beaucoup cet ouvrage si elles ne le consomment pas. Il ne s'agit plus que de leur faire acquérir de l'usage, et cela ne me regarde point ; c'est l'affaire des personnes qui demeurent avec eux ou d'un maître ordinaire qui montre à lire à des enfants. »

Nous pourrions multiplier ces citations tirées de l'ouvrage publié en 1776, sous le titre : Institution des sourds et muets par la voie des signes méthodiques ; mais ce qu'on vient de lire suffit pour montrer que 'abbé de l'Epée reconnaissait la valeur de la parole dans l'éducation des sourds-muets.

Nous aurons occasion, plus tard, de discuter les idées de l'abbé de l'Epée, en établissant le parallèle contre l'enseignement mimique et l'enseignement oral, mais nous allons dire quelques mots de la méthode et de l'esprit dans lequel elle avait été conçue.

L'abbé de l'Epée, considérant que le sourd-muet possède dans les signes ou gestes naturels un langage qui lui est propre, considérant, d'autre part, que les mots de nos langues ne sont associés aux idées qu'ils représentent que par des liens arbitraires et conventionnels, pensa que pour enseigner aux sourds-muets nos langues artificielles, il suffisait d'exécuter une véritable traduction du langage mimique en une langue artificielle.

Jusqu'ici, il est à peu près d'accord avec les maîtres qui l'ont précédé, mais il devient un véritable inventeur, en ajoutant à ces quelques signes naturels que possèdent en plus ou moins grand nombre les sourds-muets, et qui sont absolument insuffisants, une autre série de signes beaucoup plus étendue. C'est à ceux-ci qu'il donne le nom de gnes méthodiques.

Comme le fait remarquer Degérando, dans les vues de l'abbé de l'Epée, les mots écrits n'étaient pas destinés à représenter immédiatement la pensée, par une association indirecte, dans l'intelligence du sourd-muet; ils ne devaient représenter que les signes méthodiques, lesquels devaient s'interposer entre l'écriture et les idées, précisément de la même manière que s'interpose la parole, entre elles, chez les personnes qui entendent.

L'enseignement de l'abbé de l'Epée consistait donc dans deux éléments : les signes méthodiques et l'écriture auxquels il ajouta dans la suite l'alphabet manuel.

L'écriture est, faut-il le dire, associée à la lecture, et toutes deux sont la traduction cherchée entre le signe et l'idée qu'il exprime.

Les signes méthodiques étaient divisés en deux classes : ceux de la nomenclature, exprimant les idées ; et les signes grammaticaux, exprimant les fonctions et les rapports des termes dans la composition du discours (Degérando).

Veut-on maintenant avoir de la méthode une idée plus nette et plus précise qu'il est facile de donner en quelques lignes ? Il suffira de considérer quelques exemples (tirés de la *Véritable manière d'instruire les sourds-muets*) des signes méthodiques employés par l'abbé de l'Epée :

« Avec : Courber les deux mains vis-à-vis l'une de l'autre, et montrer qu'il y a entre elles deux ou plusieurs choses ensemble : les deux mains ont alors la figure d'une parenthèse.

« Pour exprimer : dès, par signes, on montre le temps ou une chose a commencé; mais la main ne contiue pas à courir en avant. Pour exprimer : depuis, la main continue de courir, ou jusqu'à nous, ou jusqu'au temps où la chose a fini. »

Voici enfin un dernier exemple plus instructif encore :

« Il n'est peut-être point de mots, dit l'abbé de l'Epée, plus difficile à expliquer par signes que celui-ci : je crois.

« Voici donc de quelle manière nous nous y prenons : après avoir écrit sur la table : je crois, nous tirons quatre liges ainsi disposées :

« Je crois :
- Je dis oui par l'esprit. Je pense que oui.
- Je dis oui par le cœur. J'aime à penser que oui.
- Je dis oui de bouche.
- Je n'ai pas vu, et je ne vois pas encore de mes yeux.

« Nous recueillons ensuite ce qui est écrit sur ces quatre lignes, et nous le portons sur le mot je crois, pour faire entendre que tout cela y est renfermé.

« S'agit-il, aprés cette explication, de dicter par les signes méthodiques ce mot je crois ? Je fais d'abord le signe de la première personne du singulier en me montrant moi-même avec l'index de la main droite, dont le bout est tourné vers ma poitrine. Je mets ensuite mon doigt sur mon front, dont la partie concave est censée représenter mon esprit, c'est-à-dire ma faculté de penser, et je fais le signe de oui. Après cela, je fais le même signe de oui, en mettant mon doigt sur la partie de moi-même, qu'on regarde ordinairement comme le siège de ce que nous appelons notre cœur dans l'ordre spirituel, c'est-à-dire de notre faculté d'aimer (quoiqu'il ait été dit plusieurs fois que ces deux facultés sont spirituelles et n'occupent point de place).

Je fais ensuite le même signe de oui sur ma bouche en remuant mes lèvres. Enfin je mets ma main sur mes yeux et en faisant le signe de non, je montre que je ne vois pas. Il ne me reste que le signe du présent à faire, et on écrit *je crois* ; mais en l'écrivant, on le comprend beaucoup mieux que la plupart de ceux qui parlent et qui entendent. »

Cet exemple sera suffisant, nous l'espérons, pour donner une idée exacte de la méthode de l'abbé de l'Epée. Nous aurons à en parler de nouveau, en la comparant à la méthode d'articulation ; la seule chose que nous voulons faire ressortir, c'est la différencee qui se montre d'emblée entre cette méthode et toutes celles dont nous avons parlé.

L'abbé de l'Epée a inauguré une nouvelle période dans l'enseignement des sourds-muets. Doué d'un zèle et d'une activité infatigables, il eut le rare bonheur de voir son invention acceptée avec enthousiasme par des élèves qui exaltèrent son génie. L'un d'eux, l'abbé Sicard, son successeur immédiat à l'Institution nationale, étendit et perfectionna ses découvertes.

Sicard et ses successeurs ont d'ailleurs tellement remanié la méthode de l'abbé de l'Epée que celui-ci aurait la plus grande peine à comprendre un mot de ce qui est enseigné sous son couvert dans les écoles actuelles.

Sicard publia de nombreux ouvrages sur les sourds-muets, il résolut de terminer un dictionnaire des signes méthodiques que l'abbé de l'Epée avait laissé inachevé, mais il l'abandonna après l'avoir ainsi jugé : « Puis-je me flatter d'avoir répondu à l'attente publique? Non puisque je n'ai pas pu répondre à la mienne. »

Sicard, écrivain distingué, causeur disert mais trop abandonné, paraît avoir embrouillé les question comme à plaisir et c'est grâce à lui qu'on inscrivait en 1832 dans le nouveau règlement de l'institution royale, à l'article 7.

« Les signes appelés méthodiques, c'est-à-dire le langage mimique purement arbitraire et conventionnel est définitivement *banni* du système de l'enseignement dans l'Institut royal. »

Il serait plus juste de dire que ce fameux article 7 qui a eté la consécration nouvelle de ce qu'on nomme encore l'école française a été inspiré par les intéressants travaux de Bébian et de Degérando.

La réforme introduite par Bébian et acceptée depuis par toutes les institutions de sourds-muets est celle-ci : le sourd-muet doit penser et s'exprimer avec le mot écrit comme avec le signe mimique ; mais comme l'écriture mettra le sourd-muet en communication avec les autres hommes, c'est elle que devra viser l'enseignement, en un mot elle sera le but et le signe mimique, le moyen.

Comme le fait justement remarquer M. Houdin le but de l'école française doit être que, l'idée étant donnée, l'écriture en soit l'expression et que, l'écriture étant lue, elle réveille immédiatement l'idée. Elle enseignera la langue sans règles raisonnées, sans grammaire théorique et simplement par l'usage, au milieu des faits et des choses de la vie, par *l'intuition* directe de ces faits et de ces choses. Quand le vocabulaire est assez étendu on commence à expliquer et à formuler les règles d'une grammaire raisonnée.

Tels sont les desiderata étudiées par Bébian et par Degérando. Celui-ci a publié sur l'éducation des sourds-muets un ouvrage des plus remarquables ; la partie historique à laquelle nous avons emprunté une grande partie de ce que nous avons écrit ne laisse rien à désirer, mais Degérando ne s'est pas contenté d'enregister des faits ; il a étudié, comparé, déduit et nous n'avons qu'un regret c'est de ne pouvoir citer en entier les conclusions de ce travail. En voici le résumé :

« L'écriture occupe le rang principal dans l'enseignement.

« Alphabet manuel comme instrument auxiliaire.

« L'art de lire sur les lèvres et d'articuler n'est pas d'une nécessité incontestable, mais d'une grande utilité.

« Utilité du dessin ; utilité et dangers de la pantomine.

« Inconvénients des signes mimiques conventionnels.

« L'essence de l'art d'instruire les sourds-muets consiste dans l'enseignement logique de la langue. Le mérite et le succès de ses méthodes dépendent essentiellement de deux conditions : l'art d'y mettre en jeu l'intuition et l'exacte coordination des idées.

« L'instruction est étroitement liée à l'éducation. »

Nous n'ajouterons que quelques mots avant de terminer cet aperçu historique qui n'a malheureusement de mérite ni dans sa longueur pour les uns, ni dans sa brièveté pour les autres.

Comme nous l'avons dit en commençant, les écoles dans lesquelles on a instruit les sourds-muets ont fait en peu d'années d'immenses progrès en France, elles commencent à changer de méthode à l'heure actuelle et la mimique cède le pas à la parole.

C'est assez dire toute l'histoire des méthodes orales depuis Péreire. Celui-ci n'eut pas d'élèves ; mais de son vivant, l'abbé Deschamps, d'Orléans, qui avait été en relations avec lui publia *l'éducation des sourds-muets* accompagnée d'une traduction d'Amman par le Dr Préau de Beauvais. Le livre de Deschamps a été l'objet d'un rapport très élogieux de l'Académie des Sciences, par la plume de Hallé.

Après Deschamps, l'enseignement de la parole tomba de nouveau dans l'oubli chez nous, tandis qu'au contraire il continuait à s'étendre en Allemagne, en Espagne et en Italie.

A la suite des travaux du Dr Blanchet, l'Académie de médecine en 1853 nomma dans son sein une commission pour juger la valeur de ses propositions. Il y eut à ce sujet des discussions fort intéressantes auxquelles prirent part MM. Guérin, Bouvier, Bonnefont, Malgaigne, Bérard, etc.

Depuis cette époque, la méthode d'articulation, qu'on a bien à tort appelée allemande (elle serait aussi bien anglaise ou espagnole) a fait parler d'elle et bientôt nous aurons à étudié les procédés et méthodes qui ont été jugés au congrès de Milan.

MÉCANISME DE L'ARTICULATION.

L'ensemble des phénomènes par lesquels le son est émis par la glotte, modifié par les caisses de résonnance (pharynx, bouche et fosses nasales) de manière à représenter une *voyelle*, et associé à certains bruits qui se produisent dans ces mêmes cavités et forment les consonnes, cet ensemble constitue la *voix articulée*, et, par la combinaison intelligente des voyelles et des consonnes en syllabes, et des syllabes en mots, constitue la parole. (M. Duval.)

La parole est donc composée de mots qui eux-mêmes se décomposent en syllabes, formées elles-même de lettres.

L'ensemble de ces lettres constitue l'alphabet. Mais il faut distinguer entre l'alphabet ordinaire, celui qui sert à l'écriture, qui est la base même de notre langue, l'alphabet composé de 25 lettres et l'alphabet qu'on pourrait appeler oral et qui se comporte différemment. L'alphabet se divise en voyelles et en consonnes dont nous avons donné la définition plus haut, mais il y a d'autres sons qui répondent à la même définition et qui ne sont pas compris parmi les voyelles, et que cependant nous prononçons à chaque instant ; si par exemple je dis la phrase : où vais-je? je prononce deux sons *ou* et *ai* qui répondent entièrement à la définition des voyelles ; on a appelé le tout sons-voyelles. De même la réunion de deux consommes donne lieu souvent, comme dans *chat* ou bien *agneau*, à des bruits qui ne sont pas inscrits parmi les consonnes de l'alphabet, ce sont les consonnes composées.

Des sons-voyelles. — Helmholtz définit les sons-voyelles des sons produits par une anche membraneuse, les cordes vocales, et dont la caisse résonnante, c'est-à-dire la bouche, peut prendre une largeur, une longueur et un ton variables, de manière à renforcer tantôt l'un, tantôt l'autre des sons partiels. Nous laisserons de côté l'étude physique du son fondamental, des harmoniques, etc., et nous dirons que le son-voyelle est produit par certaines dispositions de tuyau vocal fournissant un timbre particulier.

M. Edouard Fournié a parfaitement étudié les caractères des sons-voyelles. Comme il le fait remarquer justement la disposition des parties du tuyau vocal, spéciale à chaque voyelle, ne saurait être changée sans faire perdre aux voyelles leurs caractères distinctifs.

Les voyelles présentent leur caractères distinctif dans la bouche, c'est là que se produit le renforcement de l'harmonique caractéristique; celui-ci se détache fortement de l'ensemble du son fondamental et des autres harmoniques, en un mot le timbre propre à la voyelle se produit dans la bouche. Mais comme cette cavité communique avec des cavités non complètement closes, telles que le pharynx et les fosses nasales, certaines voyelles peuvent emprunter à celles-ci des caractères spéciaux.

Le pharynx n'agit sur les voyelles que pour les rendre plus ou moins claires; la constriction de l'orifice du pharynx par le voile du palais et la base de la langue forme les voix de gorge.

Les fosses nasales donnent aux voyelles une résonnance toute caractéristique : la résonnance nasale qui accompagne presque tous les sons, mais plus particulièrement certaines voyelles accompagnées de certaines consonnes. Il faut distinguer à ce sujet avec M. E. Fournié, le nasonnement, le nasillement et le timbre nasal.

Lorsque le son ne s'écoule pas facilement par les narines dans le cas de coryza par exemple, la voix acquiert un timbre nasal désagréable qui est le *nasonnement.*

Certains individus donnent une voix petite, criarde et étranglée qui, en passant par le nez où elle doit surmonter encore un obstacle, devient *nasillarde.*

Dans les prèmiers temps de l'enseignement de la parole aux souds-muets, on a énormément de peine à corriger le son désagréable de la voix passant en partie par le nez. Or on sait que la plupart des jeunes souds-muets, probablement à cause de leur manière de respirer, ont du coryza chronique. Ils présentent souvent une disposition de leurs organes, qui tient du nasonnement et du nasillement; c'est un défaut qui disparaît avec l'usage de la parole.

La résonnance nasale ne présente rien de semblable au nasonnement ou au nasillement, et loin d'être désagréable, elle donne à la voix un cachet tout particulier.

M. E. Fournié a divisé la cavité buccale en 6 parties; nous le suivrons et nous lui emprunterons une grande partie de ce sujet. Les six régions sont :

1° Région labiale ;

2° Région linguo-palatine antérieure ;

3° Région linguo-palatine postérieure ;

4° Région linguo-palatine latérale ;

5° Région linguo-palatine moyenne;

6° Région linguo-vélaire.

La région labiale ne fournit aucune voyelle distincte, mais contribue à la formation de plusieurs; les lèvres limitant en effet la partie antérieure de la bouche, peuvent à volonté allonger ou rétrécir son volume.

On désigne sous le nom de région palatine antérieure, celle qui s'étend de l'arcade dentaire supérieure à l'orifice du larynx, la langue se rapprochant du palais, l'I se forme dans cette région. La région que M. Fournié appelle linguo-palatine latérale n'a aucun intérêt pour nous.

L'E se forme dans la région linguo-palatine moyenne formée par la partie moyenne de la langue se rapprochant du palais.

L'A et l'E se forment dans la région postérieure limitée par la base de la langue et par la portion de voile du palais qui s'insère à la voûte palatine.

La région linguo-vélaire qui se forme par le rapprochement de la base de la langue et du bord inférieur du voile du palais, a pour but de faire passer le son par le nez et de concourir ainsi à la formation des voyelles nasales.

Pour expliquer comment se forment les voyelles dans ces diverses régions ou plutôt comment ces régions concourent à la formation des voyelles, M. Fournié a eu recours à une théorie originale que nous allons expliquer.

Il y a trois procédés : 1° procédé de la simple résonnance; 2° procédé de la double résonnance ; 3° procédé de la triple résonnance.

Dans le premier, on limite chaque région et on favorise ainsi dans chaque cavité limitée une résonnance simple qui n'est autre que le timbre spécial à chaque voyelle; le son-voyelle possède toutes ses qualités après avoir traversé l'orifice qui limite la région. L'A, l'E, l'I sont produits par ce procédé.

Dans le procéde de la résonnance double, le son, au lieu

de sortir librement de la bouche après sa formation, est obligé de résonner dans une cavité nouvelle et limitée par un autre orifice, comme lorsque nous disposons les lèvres en forme de tube. Ex. : formation, de EU.

Pour comprendre le procédé de la triple résonnance, on ne peut mieux faire que d'étudier la transformation de l'A simple en A nasal.

Nous laissons parler M. Fournié :

« Le voile du palais et la partie postérieure de la langue vont au devant l'un de l'autre, de manière à ne plus laisser entre eux qu'un espace libre d'un demi-centimètre. Ce mouvement et cette nouvelle disposition sont suivis de trois effets significatifs : 1° le son de l'A sortant par la bouche perd de sa plénitude et revêt un timbre *étranglé* se rapprochant du G dans *gomme*; 2° la langue qui s'est repliée sur elle-même pour mieux se porter en arrière, ménage dans la partie antérieure de la bouche une cavité dans laquelle le timbre de l'étranglement vient revêtir une sonorité plus euphonique ; 3° l'abaissement du voile du palais est suivi de la dilatation de l'orifice, qui conduit le son dans les fosses nasales, et de là une prédominence de la résonnance nasale.... Le timbre de la voyelle *An* commence à se former dans le passage étroit qui sépare le voile du palais de la base de la langue ; ce timbre se modifie en se mélangeant au timbre plus arrondi de la cavité antérieure de la bouche, et enfin, le timbre doux, euphonique, qui se forme séparément dans le tuyau nasal, vient compléter le caractère de la voyelle en se surajoutant au son buccal. Trois timbres distincts concourent donc à la formation de AN. Ces trois timbres sont la conduction inéluctable de la formation de toute voyelle nasale. Par conséquent nous sommes autorisé à désigner sous le nom de procédé de la *triple résonnance* le procédé qui préside à la formation des lettres nasales.

Nous sommes à même maintenant de comprendre la formation de chaque son-voyelle.

A. La langue s'étale sur le plancher de la bouche, la bouche naturellement ouverte.

Ê. La langue se projette en avant, de manière à laisser au son. une ouverture aussi grande que possible.

E simple et E fermé se développent dans la cavité limitée en haut par la partie moyenne de la langue plus ou moins rapprochée de la voûte palatine.

I. Se développe dans la cavité limitée en haut par la partie antérieure de la langue plus ou moins rapprochée de l'arcade dentaire et de la voûte palatine.

O, OU. La langue se porte en arrière, la partie postérieure se rapproche de la voûte palatine. En même temps on rapproche les lèvres en tube pour ménager au son un petit orifice de sortie. Pour l'OU, la partie postérieure de la langue se rapproche encore plus de la voûte palatine.

EU. La base de la langue se porte en avant pour donner naissance au timbre Ê et peu à peu, par la résonnance de la cavité antérieure de la bouche, le son EU se produit.

U. C'est l'I modifié par la projection des lèvres.

Selon Mandl, la formation des voyelles se résume ainsi : « Le diamètre longitudinal de la cavité *pharyngo-buccale* est raccourci et son diamètre transversal agrandi successivement pour les voyelles A, É, I ; pour les voyelles O et U au contraire, le diamètre longitudinal s'allonge et le diamètre transversal se raccourcit.

Les mouvements des diverses parties de la cavité se conforment à cette disposition générale. Les lèvres exécutent un mouvement horizontal de plus en plus prononcé en arrière pour les trois premières voyelles, tandis que pour les deux dernières, le mouvement en avant sera de plus en plus marqué. Pour l'O et l'U, il y a retrait de la langue, tandis que pour l'E et l'I, la langue est plus ou moins projetée en avant. » (Mandl.)

Quant aux voyelles nasales, E. Fournié n'admet pas parmi elles l'I nasal et l'U nasal donnant l'IN et l'UN; et la raison qu'il en donne est celle-ci : Pour émettre un I distinct et résonnant dans le nez, la base de la langue doit s'éloigner beaucoup du voile du palais; dès lors, l'étranglement du son ne se produit plus dans le fond de la bouche; dès lors un des trois éléments indispensables qui caractérisent les voyelles nasales n'existe pas; dès lors l'I nasal n'est pas et ne peut plus être. Il nous semble que le théoricien l'emporte trop sur le praticien dans cette façon d'envisager les choses. Mais, sans vouloir entrer dans le fond du débat, nous ferons remarquer que l'IN n'est pas l'I nasal, où plutôt ne le représente pas, mais qu'il correspond à l'E nasal, de même l'UN correspond non pas à un U dont la résonnance nasale serait très forte, mais bien à un E muet nasal. Nous trouvons donc pour les sons UN et IN les analogues EUN et EIN, qui sont avec AN et ON les quatre voyelles nasales admises par M. Fournié.

Consonnes. — Les consonnes, qui sont distinctes du son voyelle, peuvent être définies : des bruits, c'est-à-dire des vibrations irrégulières et trop confusément mélangées pour être perçues séparément. Ce sont des bruits qui ne peuvent se faire entendre distinctement par eux-mêmes, mais qui se différencient par la manière dont ils laissent commencer ou finir l'émission d'une voyelle. (M. Duval.)

E. Fournié définit la consonne : un phénomène sonore, distinct du son voyelle, complété et limité par le mouvement des mêmes parties qui avaient concouru à la production de ce dernier.

Nous préférons la première définition, car elle a pour avantage de montrer en quelque sorte le jeu des consonnes dans la manière dont elles laissent commencer ou finir l'émission du son-voyelle.

Depuis longtemps on a divisé les consonnes en : labiales, linguales et gutturales.

Les *labiales* ont été divisées en explosives B, P, en résonnantes F, V, M, en tremblotantes R lingual, suivant que l'obstacle est vaincu par une espèce d'explosion, par le frottement vibratoire ou par un tremblement. On a établi les mêmes divisions pour les linguales et les gutturales, de sorte qu'on a :

Linguales explosives T, D, résonnantes S, N, L, tremblotantes R lingual.

Gutturales explosives K, G, résonnantes S et Ch, et tremblotantes R guttural.

M. E. Fournié a donné une division des consonnes un peu plus compliquée, mais qui a de nombreuses analogies avec la division précédente, et qui semble présenter des avantages sérieux au point de vue de l'exactitude du procédé de formation.

Il divise d'abord, comme il l'a fait pour les voyelles, la bouche en régions au nombre de 8 : 1° glottique ; 2° linguo-palatine postérieure ; 3° linguo-palatine moyenne (ces trois divisions comprennent les gutturales des auteurs) ; 4° linguo-palatine antérieure ; 5° linguo-dentale ; 6° linguo-palatine latérale (ces trois dernières ne sont autres que les linguales) ;

7° labio-dentale et 8° labiale, qui forment à elles deux les labiales.

Les consonnes qui traversent ces régions sont dites soufflantes : Gh, S, C, F.

Murmurantes orales : G, S, Z, Th. des Anglais, L, V.

Murmurantes nasales : Ng (longueur), Gn (seigneur), N.

Vibrantes : R. guttural ou lingual.

Demi explosives : G (gamin), Dj (adjuvant), D, Dz, B.

Explosion : K, Tch, T, Ts, P.

Nous verrons plus tard quel est l'ordre à suivre dans l'enseignement de l'articulation, à propos des procédés et méthodes d'enseignement oral.

METHODES ET PROCEDES D'ENSEIGNEMENT ORAL

Résolutions prises par le Congrès réuni à Milan le 6 *septembre* 1880, *pour l'amélioration du sort des sourds-muets.*

I

Le Congrès,

Considérant l'incontestable supériorité de la parole sur les signes pour rendre le sourd-muet à la société et lui donner une plus parfaite connaissance de la langue.

Déclare que la méthode orale doit être préférée à celle de la mimique pour l'éducation et l'instruction des sourds-muets.

II

Considérant que l'usage simultané de la parole et des signes mimiques a le désavantage de nuire à la parole, à la lecture sur les lèvres et à la précision des idées,

Déclare que la méthode orale pure doit être préférée.

III

Considérant qu'un grand nombre de sourds-muets ne reçoivent pas le bienfait de l'instruction; que cette situation provient du peu de ressources des familles et des établissements,

Emet le vœu que les gouvernements prennent les dispositions nécessaires pour que tous les sourds-muets puissent être instruits.

IV

Considérant que l'enseignement des sourds-muets par la méthode orale pure doit se rapprocher le plus possible de l'enseignement des entendants-parlants,

Déclare :

1° Que le moyen le plus naturel et le plus efficace par lequel le sourd-muet acquerra la connaissance de la langue est la méthode intuitive, c'est-à-dire celle qui consiste à désigner d'abord par la parole, ensuite par l'écriture, les objets et les faits placés sous les yeux des élèves ;

2° Que dans la première période dite maternelle, on doit amener le sourd-muet à l'observation des formes grammaticales par le moyen d'exemples et d'exercices pratiques coordonnés, et que dans la seconde période on doit l'aider à déduire de ces exemples les préceptes grammaticaux, exprimés avec le plus de simplicité et de clarté possible ;

3° Que les livres écrits avec les mots et les formes du langage connus de l'élève peuvent être mis en tout temps entre ses mains.

V

Considérant le défaut de livres très élémentaires pour favoriser le développement gradué et progressif de la langue, émet le vœu que les maîtres de l'enseignement oral s'appliquent à publier des livres spéciaux.

VI

Considérant les résultats obtenus par les nombreuses expériences faites sur des sourds-muets de tout âge, de toute condition, ayant quitté les Instituts depuis longtemps, qui, interrogés sur les sujets lss plus divers, ont répondu avec exactitude, avec une suffisante netteté d'articulation et lu sur les lèvres de leurs interlocuteurs avec la plus grande facilité;

Déclare :

1° Que les sourds-muets enseignés par la méthode orale pure n'oublient pas, après leur sortie de l'école, les connaissances qu'ils y ont acquises, mais plutôt les développent par la conversation et la lecture qui leur sont rendues plus faciles ;

2° Que dans leurs conversations avec les parlants, ils se servent exclusivement de la parole ;

3° Que la lecture et la parole, bien loin de se perdre, se développent par l'usage.

VII

Considérant que l'enseignement des sourds-muets par la parole a des exigences particulières ;

Considérant les données de l'expérience de la presque unanimité des maîtres des sourds-muets ;

Déclare :

1° Que l'âge le plus favorable auquel le sourd-muet peut être admis dans une école est de 8 à 10 ans ;

3° Que le professeur ne peut efficacement enseigner par la méthode orale plus de dix élèves.

VIII

Considérant que l'application de la méthode orale pure aux institutions où elle n'est pas encore en vigueur doit être prudente, graduée et progressive sous peine de la compromettre,

Est d'avis :

1° Que les élèves nouvellement venus dans les écoles forment une classe à part où l'enseignement soit donné par la parole ;

2° Que ces élèves soient absolument séparés des autres sourds-muets trop avancés, pour être instruits par la parole, et dont l'éducation s'achèvera par les signes ;

3° Que chaque année une classe nouvelle de parole soit établie dans l'école, jusqu'à ce que tous les anciens élèves enseignés par la mimique aient achevé leur éducation.

Ainsi qu'on peut le voir, le congrès s'est absolument déclaré partisan de la méthode orale. Nous avons inscrit ces résolutions en tête de ce chapitre parce qu'elles résument l'état actuel de la question.

En étudiant les procédés et les méthodes on doit faire avec M. Franck une distinction précise entre ces deux termes. Le procédé est le moyen d'expression, soit la parole, le geste, l'écriture, le dessin ou la dactylologie, pour exprimer sa pensée. La méthode est l'ordre suivi par le maître ou l'ensemble des règles qu'il observe pour éveiller successivement les idées du sourd-muet.

En traitant de l'histoire de l'enseignement des sourds-muets nous avons vu que nous nous trouvions en dernière analyse, en face de deux systèmes parfaitement opposés. Les uns partisans des idées de l'abbé de l'Épée, considérant que la mimique est le langage propre du sourd-muet, veulent perfectionner ce langage; mais certains ne s'en servent que dans le but d'arriver plus facilement à l'étude de la langue écrite.

Les adversaires de ce système considèrent que la langue que nous parlons tous doit être enseignée aux sourds-muets, et qu'on doit leur enseigner en même temps l'écriture. Mais les uns se servent de signes conventionnels pour arriver à ce but, les autres se servent simplement des signes naturels qui appartiennent aux sourds-muets eux-mêmes, et les abandonnent le plus tôt possible. Certains maitres enseignent l'écriture avant de faire parler les enfants. D'autres enfin emploient les deux procédés simultanément.

Un des plus anciens maîtres de sourds-muets, M. Dubois sourd-muet lui-même qui professe la méthode orale, proscrit absolument les signes de l'enseignement. Si on prend un enfant sourd dès le bas âge, avant l'âge de 3 ou 4 ans, il faut selon lui, agir comme si l'enfant entendait. Il faut lui parler de vive voix, tous les jours, dans toutes les occasions, peu importe qu'il n'ait compris, plus tard il comprendra. Ce qui est important c'est de parler posément, de telle manière que ses yeux suivent toujours le mouvement des lèvres. « Par exemple montrez-lui votre chapeau, et prononcez-en le nom; ayant suivi les mouvements de vos lèvres, il prononcera de lui-même, sans que vous l'y forciez, *chapeau*, soit qu'il profère ce mot, soit qu'il forme sans voix les mouvements qu'il remarque quand vous prononcez le même mot. » Ce qui précède s'applique surtout aux surdités acquises, mais M. Dubois pense qu'on doit agir de même avec les sourds de naissance. Plus tard commence la véritable instruction, l'écriture, etc.

Nous avons vu et entendu les élèves de M. Dubois, nous avons pu nous faire comprendre facilement d'enfants très jeunes; une charmante fillette de 10 ans environ était la plus âgée. Nous avons été frappé de la facilité avec laquelle ces enfants lisaient sur les lèvres. Mais nous avons fait une autre remarque qu'il ne nous est pas permis de passer sous silence.

Ces enfants lisaient bien, très bien même, sur les lèvres, mais avaient une voix très défectueuse, et il ne peut pas en être autrement avec un professeur qui est sourd lui-même. Nous savons bien qu'il se fait aider dans sa tâche par des personnes qui entendent et qui le secondent avec dévouement, mais ces personnes ne professent pas. Or, comment un maître de langue sourd pourrait-il modifier les défauts si nombreux que présentent en parlant les jeunes sourds-muets. Nous pensons qu'il ne doit pas y avoir de doute cet égard et la conclusion est qu'un sourd-parlant ne doit pas faire l'éducation d'autres sourds. Nous savons bien qu'en Allemagne, dans plusieurs villes, des professeurs sourds-parlants sont attachés aux établissements de sourds-muets, mais ce qu'il faut dire c'est que ces professurs ne sont pas chargés de l'articulation proprement dite; leur rôle consiste à faire des répétitions de lecture sur les lèvres.

Quant à la question de savoir si dès l'enfance le talent d'imitation est tel que les petits sourds-muets arrivent à parler presque d'eux-mêmes, nous sommes forcé de nous incliner devant les affirmations de M. Dubois.

Actuellement encore, on a le tort grave dans beaucoup d'ouvrages spéciaux de distinguer une méthode française et une méthode allemande; cela est d'autant plus mauvais que ces expressions n'ont aucune raison d'être. Qu'on appelle méthode française la méthode des signes, passe encore, puisqu'on entend parler des signes méthodiques dont la découverte remonte à l'abbé de l'Épée. Cependant nous ferons remarquer que certains auteurs nomment ainsi la méthode intuitive. Mais il est souverainement absurde d'appeler allemande une méthode qui a été préconisée dans tous les pays. Pour la même raison nous n'admettons pas qu'on appelle méthode française celle qui proscrit absolument l'usage des signes; d'autant plus que, quoi qu'on écrive sur ce sujet, la méthode qu'employait Rodrigue Pereire est inconnue.

Dès 1848 le Dr Blanchet, médecin de l'Institution nationale, s'occupait assidûment d'améliorer le sort des sourds-muets. Il souleva une discussion à l'Académie de médecine en 1853 à propos du traitement de la surdité et du langage articulé.

Un peu plus tard le Dr Blanchet, considérant qu'il est indispensable que les sourds-muets ne soient séparés ni de la famille ni des entendants-parlants, proposa de les admettre dans les écoles primaires.

En 1866 une circulaire ministérielle conclut à l'adoption de ce système, et ordonna l'ouverture des écoles primaires à tous les sourds-muets et la préparation des élèves-maîtres des écoles normales à cet enseignement.

Le système du Dr Blanchet reconnaissait : 1° la mimique naturelle; 2° l'écriture; 3° la dactylographie; 4° le dessin; 5° la lecture sur les lèvres; 6° la parole articulée. Selon l'auteur, le système présentait les avantages suivants : Système économique; Facilité de rapports et de moyens de communication entre le parlant et le sourd-muet; Possibilité pour les sourds-muets par leur éducation près des parlants de se familiariser avec leur langage et d'en être compris; possibilité de conserver les sourds-muets des campagnes aux travaux de l'agriculture.

Aujourd'hui, malgré toutes ces belles promesses, il ne reste rien de ce système.

Comme le Dr Blanchet, M. Grosselin a pensé que l'enfant sourd-muet devait recevoir l'éducation complète au milieu des entends-parlants. Mais il emploie des moyens différents pour leur faire acquérir le langage de ceux-ci; il se sert d'un procédé auquel il donne le nom de *phonomimie.*

« Le principe sur lequel repose la phonomimie est, suivant M. Grosselin fils, la personnification de chaque élement phonétique de la langue française dans une idée qui amène comme corollaire l'emploi d'un geste. » Ce qui veut dire en langage vulgaire que chaque articulation est représentée dans la phonomimie par un *geste.*

Par ce moyen, la vue saisit le mot comme l'oreille saisit le son.

La différence entre la phonomimie et la dactylologie, c'est que la première traduit la parole tandis que la seconde traduit l'écriture.

D'après l'auteur, des enfants sourds-muets arrivaient à lire couramment en trois mois. De plus, la phonomimie loin d'être un obstacle à l'acquisition de la parole serait au contraire de la plus grande utilité. « Le sourd-muet par la répétition fréquente des voyelles et des consonnes, lors de l'étude des lettres, par l'habitude de les réunir en syllabes et en mots, arrive à reproduire les mouvements qu'il peut sans cesse observer sur la bouche du maître ou sur celle de ses camarades. Les gestes qui les accompagnent constituent pour lui comme une espèce de clavier qui l'aide à moduler les sons. »

Les gestes phonomimiques sont au nombre de 32, et les personnes qui veulent entretenir l'enfant après avoir appris les 32 gestes qui composent l'alphabet phonomimique n'ont plus qu'à s'écouter parler et à reproduire de la main les phrases prononcées par elles.

Sans vouloir entrer dans la discussion de ce que M. Grosselin appelle sa méthode, qui n'est selon nous qu'un procédé plus ou moins ingénieux pour mettre les sourds-muets en communication avec ceux qui entendent, nous pourrions faire remarquer que la dactylologie et la phonomimie sont des procédés analogues, qui ont par conséquent les mêmes inconvénients. Mais nous tenons surtout à déclarer que pas plus que la tentative du Dr Blanchet, le dessein de M. Grosselin de suivre l'instruction du sourd-muet au milieu des entendants ne doit être admis actuellement. Les résultats justifient pleinement notre opinion.

Cependant il faut distinguer; nous n'avons pas l'intention de prétendre que le sourd-muet ne devra jamais être élevé avec les entendants-parlants; au contraire nous sommes parfaitement d'avis que les enfants admis par exemple dans une école primaire avec les entendants-parlants auront plus de chance de se développer intellectuellement, mais, comme l'a décidé en 1878 le Congrès de Paris, seulement jusqu'au moment où des sourds-muets *entreront dans une école spéciale.*

Voyons maintenant quelles sont les méthodes en usage dans les écoles françaises, à l'heure actuelle ou plutôt au commencement de l'année 1880, puisqu'on paraît de tous côtés accepter la méthode orale, et même suivant les termes du Congrès de Milan, la méthode orale pure.

Il existe en France 57 institutions de sourds-muets parmi

lesquelles 3 sont dotées par l'Etat, à Paris, à Bordeaux et à Chambéry.

Les méthodes employées sont au nombre de deux principales : la méthode des signes, en usage dans les écoles nationales et la méthode d'articulation employée dans plusieurs établissements, seule ou associée aux signes. A cette dernière se rattachent la méthode de phonomimie de M. Grosselin et la méthode à laquelle M. Fourcade a donné le nom de *pneumaphono-logonomie* (souffle, voix, parole articulée).

Dans les établissements des frères Saint-Gabriel, où la connaissance et l'usage de l'écriture paraissent le but, le système suivi est mixte; les frères se servent concurremment de la méthode des signes et de la méthode d'articulation. Ils commencent par la mimique et simultanément par l'écriture, ils continuent par la parole. Ils n'emploient pas ou plutôt n'enseignent pas la lecture sur les lèvres, mais ils se servent du procédé phonomimique de M. Fourcade. Leurs représentants au Congrès de Milan se sont ralliés à l'enseignement par la méthode orale seule.

On a dû remarquer que dans une de ses résolutions le Congrès de Milan déclare adopter la méthode intuitive. Cette méthode qui consiste à désigner d'abord par la parole, ensuite par l'écriture, les objets et les faits placés sous les yeux des élèves, a été décrite par M. Valade-Gabel, ancien directeur de l'Institution de Bordeaux, en 1857; il recommande de n'employer d'abord que des exercices et des exemples pratiques pour familiariser le sourd-muet avec les ormes essentielles de la langue qu'on lui fait parler; peu à peu on lui fait déduire de ces exemples les règles de la grammaire.

Nous donnons ci-après la marche suivie à l'Ecole Pereire, pour donner une idée des méthodes d'enseignement oral.

« Dès qu'un enfant arrive à notre école, nous nous mettons à sa portée, pour nous faire comprendre de lui, échanger nos pensées ou plutôt deviner les siennes, et nous l'élevons ainsi graduellement jusqu'à nous. C'est après avoir établi ces premiers liens entre nous, après avoir acquis ses sympathies à force de soins et de sollicitude que nous commençons nos leçons d'articulation.

« Jusqu'à ce moment il a fallu faire usage des signes avec cet enfant qui, à son entrée à l'école, n'avait communiqué avec les entendants-parlants que par des signes naturels. Nous n'allons pas d'ailleurs les abandonner brusquement au moment même où nous commençons à faire parler le sourd-muet.

« L'articulation et l'écriture sont simultanément enseignées.

« Le sourd-muet ne pouvant prononcer un mot, s'il n'a déjà prononcé ses éléments, nous allons faire émettre à nos élèves des sons et des articulations : il les écrit en même temps qu'il les prononce.

« Bientôt en assemblant un son à une articulation, il forme une syllabe qu'il écrit encore et tour à tour nous lui dictons des sons, des articulations et des syllabes qu'il prononce lui-même avant de les écrire. Au moyen des syllabes nous formons les mots par lesquels il désigne les objets qui lui sont familiers. Un mot est écrit au tableau noir, l'élève le prononce et nous lui montrons l'objet qu'il vient de nommer. Enfin nous lui demandons par quel signe il désigne cet objet.

« C'est ainsi que dans sa pensée les trois expressions de

l'objet : 1° la représentation parlée ; 2° la représentation écrite ; 3° le signe naturel, s'équivalent.

« Ce signe n'est que l'équivalent du mot. Si par exemple, l'enfant fait le signe du mot viande, ce signe est l'équivalent du mot, mais il ne signifie pas l'une des phrases : donnez-moi de la viande, je veux de la viande.

« Dès que nous arrivons à la formation de la phrase, au lieu de lui faire traduire le mot par le signe, nous procédons autrement. Supposons qu'il s'agisse de faire désigner un enfant sage par un élève, nous lui demandons ce qu'il entend par sage. Il nous répond grâce à la connaissance qu'il a des mots : *C'est l'enfant qui n'est pas méchant* au lieu de faire le signe représentatif de la sagesse... Peu à peu notre élève abandonne l'usage des signes pour ne faire usage que des mots articulés ou écrits. Il s'exprime d'abord dans notre langue, comme un Français qui apprend la langue anglaise et qui au début de son étude, pense en français et traduit sa phrase française en mots anglais, jusqu'à ce que suffisamment familiarisé avec la langue anglaise, il parvienne à penser directement en langue anglaise comme un Anglais même.»

M. Magnat, le directeur de l'institution Péreire divise les sons vocaux en 10 groupes, classés d'après la facilité qu'ont les sourds-muets à les articuler. Voici cette classification ;

1er groupe : p b ; t d ; f v.
2e — a, o, ou ; é, î ; au, eau ; ai, ei.
3e — c k qu ; g, gu.
4e — m, n.
5e — s, ç, z ; ch, ge, j.
6e — l, r, x.

7e groupe : eu, œ, œu; u.
8e — ia, ya; io, yo; ié, iai, oi, oy, ieu, yeu, oui, ui.
9e — an, am, en, em; on, aon, om, eom; in, im, ain, ein; un, um, eum; oin, ion, yon; ien, ian, iam.
10e — ill, gn.

M, Gaussens, de Bordeaux, a publié le tableau suivant qui résume les principes de MM. Fourcade, Holl, etc,

Première leçon.

1er souffle par le nez.
2e souffle par la bouche.
3e voix par le nez.
4e voix par la bouche.
5e souffle et voix par le nez.
6e souffle et voix par la bouche,

Deuxième leçon.

Voix de nez. {
1° m — menton avancé.
2° gn
3° n
4° ng — menton recule.

Souffles de bouche frottés. {
1° f, ph.
2° ch.
3° ç, s.

Troisième leçon.

Souffles de bouche explosifs : { p. t. q.

Quatrième leçon.

Souffle et voix mélangés : v, j, z.

Cinquième leçon.

Voix de gosier étouffée : { b. d. g-gu.

Sixième leçon.

a, â, o, ô, au, eau.

Septième leçon.

l, r, ll.

Huitième leçon.

e, é, è, ai, ay, ei, i, y; u, ou.

Neuvième leçon.

Parcourir toutes les consonnes, en leur adjoignant une voyelle.

Il suffit de mettre en présence ces deux tableaux, pour voir combien le premier est supérieur.

L'ordre dans lequel sont prononcés les différents sons a la valeur que lui attribue M. Magnat, parce qu'ils vont du simple au composé, du facile au difficile.

Nous nous reporterons à ce qui a été dit du mécanisme de l'articulation pour savoir comment on doit disposer les organes.

La plupart des maîtres font actuellement précéder les leçons, surtout les premières, d'exercices de gymnastique, qui ont pour but de renforcer la voix, de développer les poumons, d'empêcher l'élève de respirer par le nez. On a employé différents moyens pour lui donner la notion exacte de la force avec laquelle il respire, par exemple en lui faisant éteindre une bougie à des distances variées.

Ce sont là des exercices excellents et qu'il ne faut pas négliger.

En Italie, dès son entrée dans l'établissement, l'enfant apprend presque simultanément à parler, à écrire, à lire la parole sur les lèvres et à comprendre le sens des mots qu'il prononce, qu'il trace sur le tableau, ou qu'il déchiffre sur la bouche de ses maîtres. Pour lui donner le sens des mots, on met sous ses yeux les objets qu'ils désignent ou une imitation de ces objets. Pour les propositions qu'il est en état d'articuler, le fait ou l'action qu'elles expriment, sont produits en sa présence, puis, quand il y a lieu, on les lui fait produire à lui-même, et on lui apprend à les commander à ses camarades.

Ces mots et ces propositions expriment d'abord des faits sensibles, mais de ceux-ci il passe promptement aux faits intellectuels, et à ceux qui relèvent de nos facultés morales (E. Franck). A l'heure actuelle, la méthode orale est acceptée partout : en Italie, en Suisse, en Angleterre, en Allemagne.

Dans ce dernier pays, les écoles se divisent en deux camps : suppression absolue des signes, ou bien usage momentané.

L'enseignement moral, quoi qu'en dise M. Franck, n'est cependant pas aussi facile à donner.

Nous pensons bien que les idées abstraites viennent peu à peu et sans que le maître lui-même s'en doute, mais si les élèves sont trop nombreux ou les maîtres trop rares, c'est tout un, ou si l'on se borne à un certain nombre de leçons par jour et rien de plus, nous doutons fort que les facultés morales puissent prendre un bien grand développement.

C'est pourquoi ce que M. Houdin, un des rénovateurs de l'enseignement de la parole en France, appelle l'Education de famille, nous semble un système excellent. L'enseignement donné ainsi prend l'enfant très jeune, dès l'âge de 5 ou 6 ans ; il exige le contact incessant du sourd-muet avec des professeurs et des parlants et surtout l'éducation particulière ; l'enfant s'instruit à la fois et se moralise par l'exemple.

PARALLELE ENTRE LA MÊTHODE ORALE ET LA MÉTHODE MIMIQUE.

Avant de discuter les principales objections qui ont été adressées à l'enseignement des sourds-muets par la méthode orale, il faut s'entendre sur le but que l'on poursuit.

On n'a pas la prétention de guérir la surdi-mutité ; on n'a pas plus le dessein de faire des orateurs. On veut remédier en partie au mal et rendre moins pénibles les effets de cette triste infirmité.

Or, si l'enfant instruit par la mimique se trouve, pendant le temps de son éducation, soustrait aux préoccupations de son état par un contact journalier avec des enfants muets comme lui, une fois rentré dans la vie, soit au foyer de la famille, soit à l'atelier, il sera doublement malheureux, parce qu'il ne pourra se faire comprendre et parce qu'il ne comprendra pas lui-même.

Qu'il vienne au contraire à parler lui-même, à comprendre, je dirais presque à entendre avec les yeux ceux qui l'entourent. la scène change, les tracas disparaissent, la mutité n'existe plus.

Ainsi donc, selon nous, par la parole, le sourd-muet comprendra mieux et se fera mieux comprendre. Nous prouverons aussi qu'il acquerra par ce moyen une plus grande somme de connaissances.

Cette dernière proposition sera acceptée facilement, nous

l'espérons, si l'on veut bien comparer entre eux les programmes empruntés à deux établissements français, l'un où les sourds-muets sont instruits par la méthode des signes, — c'est l'Institution nationale de Paris, — l'autre, d'un établissement particulier.

Dans ce dernier :

A partir de la troisième année, on enseigne la langue française, l'arithmétique, le dessin.

En 4ᵉ année : la grammaire, l'arithmétique, l'histoire et la géographie (en récits isolés sur la Gaule et les Gaulois), le dessin, l'enseignement religieux.

En 5ᵉ année, 6ᵉ et 7ᵉ année, mêmes matières, c'est-à-dire : langue française : arithmétique, histoire et géographie. (Dans le programme que nous avons sous les yeux, on apprend en 8ᵉ année l'histoire de la Révolution), dessin, modelage, etc.

Dans l'ancien programme de l'Institution nationale, jusqu'à la cinquième année, l'enseignement de l'histoire comprenait l'histoire sainte dans l'ordre où elle est présentée dans la Bible. Un peu plus tard, on se bornait à donner quelques notions d'histoire de France. Nous n'avons malheureusement pas le programme précis de l'enseignement suivi à l'institution, mais nous l'avons lu et nous affirmons qu'il est absolument inférieur aux programmes des institutions libres que nous avons visitées, dans lesquelles on enseigne la parole.

Un des plus précieux arguments des défenseurs de la mimique est que : celle-ci étant dès l'origine le langage naturel du sourd-muet, c'est ce langage qu'il s'agit de développer, au lieu de chercher à lui faire acquérir au prix des plus grands efforts un autre langage pour lequel il aura moins de goût.

Nous répondrons que si le sourd-muet parle par gestes, c'est qu'il ne peut faire autrement ; cela paraîtra peut-être naïf, mais c'est au moins aussi bien une vérité que ce qui précède, et nous ajouterons : oui, les signes naturels des sourds-muets sont leur langage naturel, c'est-à-dire l'expression de leur pensée, mais la parole est l'expression de la pensée de tous les hommes ; elle est la plus rapide et la plus complète, il faut la donner, si faire se peut, aux sourds-muets. La myopie est la vue naturelle à certaines personnes, cela ne les empêche pas de porter des lunettes.

Il est certain qu'à un point de vue général on ne peut mettre en parallèle la mimique et la parole ; la supériorité de cette dernière est incontestable ; mais chez les sourds-muets, il en est de même au point de vue de la rapidité de l'échange des idées.

M. Houdin a fait ressortir d'une façon fort claire la supériorité de la parole, et dans une communication qu'il nous a fait l'honneur de nous adresser, il affirme ses convictions dans les termes suivants : « Tout sourd-muet, que la surdité soit accidentelle ou congénitale, s'il est doué d'intelligence, de la vue et du sens tactile et d'un organe vocal intact, peut parler intelligemment et intelligiblement, lire la parole des autres sur les lèvres et dans toute expression physionomique, et par conséquent s'instruire par la parole, et entrer par elle en communication directe avec la société. »

Ces paroles ne contiennent pas une vaine formule, nous avons pu juger par nous-même qu'elles étaient l'expression exacte de la vérité.

Il est certain que la concordance de la phrase parlée et de la phrase écrite facilitera à l'élève l'étude de la langue. Qu'on veuille considérer ou non l'écriture (nous entendons par là, la langue écrite) comme le principale, on obtient par la méthode orale des résultats vraiment magnifiques. Nous le demandons à ceux qui ont lu des lettres de sourds-muets, nous ne parlons pas de celles qu'on montre dans les concours ou dans les congrès, mais des lettres familières, nous le demandons, est-il même possible de comparer le style des souds-parlants à celui des souds-mimes (nous réclamons l'indulgence pour cette expression). Chez ceux-ci le style (en dehors même de ce que nous remarquions en parlant de l'état intellectuel, qui consiste souvent dans ces phrases toutes faites en forme d'aphorismes), le style est absolument vague et décousu.

Dans l'observation, que nous avons citée au commencement de ce travail, du sourd-muet atteint d'accès de délire, le style était tellement bizarre; cette façon de mettre la charrue avant les bœufs, ou d'envoyer promener un membre de phrase pour le retrouver dix lignes plus loin, nous semblait si étrange que nous aurions pu croire cette incohérence dépendante de la maladie, si nous ne nous étions assuré du contraire par l'examen d'autres lettres.

Devons-nous citer ce fait que des élèves sourds-parlants de l'institution Pereire ont lutté avec succès en orthographe contre des élèves entendants des écoles primaires? Pour nous, la conviction est absolue et nous n'insisterons pas plus longtemps.

Accessoirement nous ferons remarquer avec M. Houdin que partout où l'usage des mains est nécessaire, la parole a encore le pas sur la mimique, et même nous avons tort de dire accessoirement, car c'est un avantage reconnu à chaque instant, à table, à l'atelier, partout enfin.

Au point de vue hygiénique, la méthode orale est encore incontestablement supérieure. La gymnastique respiratoire a pour effet de fortifier l'individu en augmentant l'activité et l'énergie des muscles et en facilitant l'hématose. A ce titre seul, la méthode orale devrait être préférée.

Nous ne suivrons pas M. E. Fournié dans ses définitions plus ou moins exactes du langage et de ses caractères ; nous ne voulons pas nous élever aussi haut et nous tenons à rester pratique. Il n'y a suivant M. Fournié que deux langages : la *mimique* et la *parole*, et la mimique doit être le seul langage au moyen duquel le sourd-muet pense et communique sa pensée aux autres.

« La mimique est, aussi bien que la parole, l'expression naturelle d'un besoin de l'intelligence et, de plus, elle satis fait complètement à la définition du langage : 1° elle est exécutée par nos organes, avec une intention significative , 2° elle est dirigée dans son exécution par le sens de la vue, 3° elle aboutit à un phénomène sensible l'*image* ; 4° cette image reste gravée dans la mémoire du sens de la vue à titre d'image-signe, c'est-à-dire à l'état d'élément du langage, à l'état d'élément mobile de la pensée. Avec le langage mimique le sourd-muet peut penser ; avec la parole ou l'écriture il ne le pourrait pas. »

Voilà, certes, une affirmation qui nous surprend fort ; la seule réponse à faire à M. Fournié serait de faire composer un sourd-parlant et un sourd-mime sur un sujet de style, il est à croire que l'éminent médecin des sourds-muets changerait d'idée à l'instant. Nous ne discuterons pas les termes de la définition du langage, mais nous demanderons à M. Fournié comment font les sourds-parlants pour garder la mémoire de ce qu'ils ont dit.

Et maintenant, après avoir longuement discuté les avantages et les inconvénients des deux méthodes, on vient nous dire : Mais votre parole est horrible ! elle est fatigante autant pour celui qui écoute que pour celui qui parle.

Encore une fois, nous déclarons que nous n'avons pas la prétention de faire de nos sourds-muets des gens parlant comme ceux qui entendent; mais si cependant ceux que vous avez écoutés parler vous ont semblé si pénibles à entendre, c'est qu'ils avaient été mal instruits et qu'ils n'obéissaient pas aux indications dont nous allons parler rapidement dans le chapitre suivant. En attendant, nous vous prions de méditer ces paroles de l'abbé l'Épée :

« Le meilleur moyen, l'unique moyen de rendre totalement les sourds-muets à la société, est de leur apprendre à entendre des yeux et à s'exprimer de vive voix. »

INDICATIONS ET CONTRE-INDICATIONS DE LA MÉTHODE ORALE

Pour que la méthode d'articulation donne des résultats vraiment sérieux, il faut des conditions spéciales qui se résument en un mot : sollicitude.

Il faut que les maîtres soient nombreux, et le Congrès de Milan a été bien inspiré en déclarant que le professeur ne peut efficacement enseigner à plus de 10 élèves.

Les élèves doivent être en contact direct et permanent avec les personnes chargées de leur éducation, c'est le seul moyen de les rendre, comme nous l'avons dit, plus intelligents et plus moraux. Mais c'est aussi le meilleur moyen pour arriver à les faire parler avec une voix qui ne soit pas trop désagréable.

Il faut que l'enfant ne soit ni trop jeune ni trop âgé. Trop jeune, on risquerait ou de fatiguer son organe vocal ou de fatiguer son cerveau déjà assez faible. Trop tard, le développement du larynx empêche souvent d'obtenir un bon résultat.

Quant à savoir combien les sourds-muets doivent rester dans les maisons spéciales, c'est une question qui est du ressort de la pédagogie. Disons simplement que d'après les résultats obtenus, on admet en général 7 ou 8 ans.

C'est aussi par une affirmation que nous répondrons à cette question : les sourds-parlants au sortir de l'école oublient-ils le langage articulé? D'après le rapport présenté au congrès de Milan, la réponse est absolument négative.

Il y a avantage pour tous les sourds muets à se servir de la parole. Mais à cause de la difficulté de se procurer des maîtres intelligents en assez grande quantité, il peut se faire que dans les grands établissements les résultats ne répondent pas à l'attente, dans ce cas c'est à l'Etat à faire des sacrifices.

Les contre-indications à la méthode d'articulation n'existent pour ainsi dire pas.

L'état borné de l'intelligence n'est pas à proprement parler une contre-indication, car si l'enfant est trop peu intelligent pour comprendre comment il devra disposer sa bouche, sa langue et ses lèvres pour émettre un son, il ne comprendra pas plus ce qu'on cherchera à lui expliquer par la méthode des signes.

Il faut être très modéré et très circonspect pour les enfants dont l'état de débilité est extrême, dans ce cas, on comprendra qu'il soit impossible de tracer des règles absolues.

Enfin, chez les enfants dont les organes vocaux sont absolument défectueux, on devra préférer la mimique. Il en sera de même pour ceux qui voient difficilement.

C'est une erreur de penser, avec le Dr Bonnefond, qu'il n'y a que le sourd-muet qui *s'entend parler*, qui puisse bénéficier de la méthode orale. Il est évident que l'enfant dont la surdité n'est pas absolue fera des progrès beaucoup plus rapides; de même ceux qui ont déjà entendu et parlé parleront mieux. Mais les sourds-muets de naissance pourront être aussi instruits par la parole.

Selon M. Magnat : « tout enfant chez qui s'opèrent facilement les fonctions de la respiration, de la déglutition, de la mastication, est propre à être formé à l'articulation de la parole. »

Enfin, nous croyons bon d'apprendre à tous les enfants, quels qu'ils soient, la lecture sur les lèvres.

CONCLUSIONS

Dans l'enseignement des sourds-muets la méthode orale, c'est-à-dire celle qui les instruit en les faisant parler, est préférable à la méthode des signes.

Elle a l'avantage de donner aux sourds-muets une plus grande facilité de communication avec ceux qui entendent.

Elle donne, à temps égal, une instruction plus solide.

Le nombre des sourds-muets instruits par un seul maître doit être de 8 à 10.

La méthode orale pure doit être préferée (en se servant toutefois, dans les premiers temps, des signes naturels au sourd-muet).

La méthode orale doit être préférée non seulement parce qu'elle donne la parole aux sourds-muets, mais aussi parce qu'elle leur permet de lire sur les lèvres.

Dans les établissements où la méthode orale semble impossible, par insuffisance du nombre de professeurs, il faut chercher quand même à apprendre la lecture sur les lèvres.

Seront exclus de l'enseignement oral, les enfants trop chétifs, dont la vue est trop faible ou dont le larynx refuse tout service. Ces enfants seront instruits par les signes.

INDEX BIBLIOGRAPHIE.

PREMIÈRE PARTIE

Enseignement des sourds-muets.

JUAN GARLO BONET. — Reduccion de las lettras y arte para enseñar a hablar los mudos. Madrid, 1620, in-4.

JOHN BULWER. — Philocophus (l'Ami du sourd-muet). Londres, 1648. Exposé de vues philosophiques sur l'état naturel du sourd de naissance.

JOHN WALLIS. — Epistola ad Thomam Benerley de Mutis Surdisque informandis; dans les transactions philosophiques de Londres, 1698, à la suite de la grammaire anglaise (en latin), du même auteur.

DALGARNO (Georges). — Didascalocophus (l'Instituteur du sourd-muet). Oxford, 1778.

AMMAN (Jean-Conrad). — (Voir l'abbé Deschamps.)

DIDEROT. — Lettre sur les sourds-muets à l'usage de ceux qui entendent et qui parlent. Paris, 1751, in-12,

PEREIRE (Isaac-Jacob-Rodrigues). — Observations sur les sourds-muets; *in* Recueil des savants étrangers, 5e volume, 1769.

L'ABBÉ DE L'EPÉE. — Institution des sourds-muets par la voie des signes méthodiques. Paris, 1774, in-8, id. 1776. La véritable manière d'instruire les sourds-muets confirmée par une longue expérience, 1784.

L'ABBÉ DESCHAMPS. — Cours élémentaire d'éducation des sourds-muets. Paris, 1779, in-12, suivi d'une dissertation sur la parole, traduit du latin de Jean-Conrad Amman, méde cin d'Amsterdam, par M. Beauvais de Réau, docteur en médecine à Orléans.

SAMUEL HEINICKÉ. — Ueber die Denkart der Taubstummen. Leipsick, 1780, in-8. Ueber die verschiedenen Lehrarten der Taubstummen, 1783.

LE P. LOR. HERVAS Y PANDURO. — Escuela española de sordomudos. Madrid, 1795, 2 vol. in-8.

L'ABBÉ SICARD. — Cours d'instruction d'un sourd-muet de naissance. Paris, 1803, in-8.

J. WATSON. — Instruction of the Deaf and Dumb. Londres, 1809.

A. RÈBIAN. — Essai sur les sourds-muets et sur le langage naturel. Paris, 1817, in-8. Journal de l'instruction des sourds-muets et des aveugles, 1826-1827. Manuel d'enseignement pratique des sourds-muets, 1827, 2 vol. in 8 et in-4.

PAULMIER (L.-P.). — Le sourd-muet civilisé ou Coup d'œil sur l'instruction du sourd-muet. Paris, 1819, in-12. Aperçu du plan d'éducation des sourds-muets, 1821. Considéradérations sur l'instruction des sourds-muets.

RECOING. — Le sourd-muet entend par les yeux. Troyes, 1829.

L'ABBÉ JAMET. — Mémoire sur l'instruction des sourds-muets. Caen, 1827.

DE GÉRANDO. — De l'éducation des sourds-muets de naissance. Paris, 1827, 2 vol. in-8.

Les quatre premières circulaires de l'Institution royale de Paris à toutes les institutions de sourds-muets de la France et de l'étranger, 1827,1828, 1832, 1836.

MICHAEL VENUS. — Methodenbuch oder Einleitung zum Unterrichte der Taubstummen. Vienne, 1826, in-8.

DOUMIC. – Considérations sur les sourd-muets. Thèse de Paris, 1837.

PIROUX. — Le vocabulaire des sourds-muets. Paris et Nancy, 1830. L'ami des sourds-muets (Journal mensuel). Nancy, 1828-1843.

LAURENT (Alph.). — La parole rendue aux sourds-muets. Blois, 1832, in-8.

JŒGER et REICKE. — Anleitung zum Unterrichte Taubstummer kinder. Stuttgard, 1832-1836, 3 vol. in-8.

Reich (C.-G.). — Die erst e Unterricht der Taubstummen. Leipsick, 1834, in-8.

Ordinaire (Désiré). — Essai sur l'éducation et spécialement celle du soudr-muet. Paris, 1836, in-8, et Strasbourg.

Colombat (de l'Isère). — Traité des maladies des organes de la voix. Paris, 1834.

Berthier (Ferdinand). — Histoire et statistique de l'instruction des sourds-muets. Paris, 1836, in-8. Les sourds-muets, avant et depuis l'abbé de l'Epée, 1840.

Itard. — Lettres au rédacteur des Archives sur les sourds-muets qui entendent et qui parlent. Réponse de M. Deleau. *In* Archives générales de médecine, 1826-1827.

Valade-Gabel. — Quel rôle l'articulation et la lecture sur les lèvres doivent-elles jouer dans l'enseignement des sourds-muets? Bordeaux, 1839.

Moritz Hill. — Voblstandige anleitung zur Unterricht Taubstummer kinder. Essen, 1839, in-8.

C. Guyot et R. T. Guyot. — Liste littéraire philocophe, ou catalogue de ce qui a été publié jusquà nos jours sur les sourds-muets. Groningue (Hollande), 1842, in-8.

Segond. — *In* Archives générales de médecine, 1847-1848-1849.

B. Dubois (fils aîné). — Cause du mutisme chez les sourds, communément désignés sous le nom de sourds-muets, par Dubois, sourd-parlant. Paris, 1844.

Puybonnieux (J.-B.). — Mutisme et surdité ou influence de la surdité sur les facultés physiques, intellectuelles et morales. Paris, 1846, in-8. La parole enseignée aux sourds-muets sans le secours de l'oreille. Droits des sourds-muets à l'Assistance publique, 1849.

Seguin (Edouard). — Jacob-Rodrigues Pereire, premier instituteur des sourds-muets en France. Paris, 1847.

Vaisse (Léon). — Le mécanisme de la parole mis à la portée des sourds-muets de naissance. Paris, 1838. Essai historique sur la condition sociale et l'instruction des sourds-muets en France, 1844. Des conditions dans lesquelles s'entreprend et des moyens par lesquels s'accomplit l'instruction des sourds de naissance, 1848. Article *sourd-muet* dans Encyclopédie moderne, publiée par Firmin Didot, 1851.

Le Dr Blanchet. — La surdi-mutité, traité phisiologique et médical. Paris, 1849-1850. Moyens de généraliser l'éducation des sourds-muets dans les écoles primaires, sans les séparer de la famille et des entendants-parlants.

Buechner (And.-El.). — Dissertatio sistens novæ methodi, surdos reddendi audientes physicas et medicas rationes. Halle, 1857, in-4.

Houdin (A.). — De la surdi-mutité. Paris, 1855. De la parole articulée (Bulletin de la Société centrale d'éducation et d'assistance pour les sourds-muets).

La parole rendue aux sourds-muets et l'enseignement des sourds-muets par la parole. Paris, 1865, Asselin.

L'enseignement des sourds-muets en 1874. Mémoire. Paris, 1874. Ch. Douniol.

Rapport au Congrès de Milan. Paris, 1880. Thèse de l'auteur.

Valade-Gabel. — Méthode à la portée des instituteurs pour enseigner aux sourds-muets la langue française. Paris, 1857.

Magnat (M.) — Cours d'articulation, enseignement de la parole articulée aux sourds-muets. Paris, 1874, Fischbacher.

Méthode Jacob-Rodrigues Pereire appliquée à l'enseignement du premier âge.

Méthodes et procédés d'études. Communications faites au Congrès international de Paris, 1878.

Bulletin de la Société J. Pereire. Communications diverses.

Gaussens. — Etude sur les principales institutions des sourds-muets et leurs méthodes. Bordeaux, 1878.

Tarra (président du Congrès de Milan). — Cenni storici e compendissa esposizione del methode sequito per l'istruzione dei sordo-muti. Milan, 1880, in-8.

E. La Rochelle. — Le Congrès de Milan pour l'amélioration du sort des sourds-muets)Rapport adressé à M. E. Pereire). Paris, octobre, 1880.

Rapport du Congrès de Paris en 1878.

Franck (E.). — Rapport au ministre de l'Intérieur sur le Congrès de Milan, publié au *Journal Officiel*, le samedi 18 décembre 1880.

CLAVEAU (M.-O.) . Enseignement de la parole dans les institutions de sourds-muets. Rapport au ministre de l'Intérieur. Paris, imprimerie nationale, 1880.

DEUXIÈME PARTIE·

Physiologie et pathologie des organes de la parole.

BENNATI. — Recherches sur le mécanisme de la voix humaine. Paris, 1832, in-8.

GIACOMO-BISOZZI. — Die Menschliche Stimme und ihr Gebruch (la voixhumaine et son emploi).Leipsig, 1838, in-12.

MULLER (Jean).— Uber die Compensation der physischen krafte am menschlichen Stimmorgan (De la compensation des forces physiques dans l'organe de la voie humaine). Berlin, 1839.

COLOMBAT (de l'Isère). — Traité des maladies des organes de la voix. Paris, 1834.

HŒSER (Henri). — Die menschliche Stimme (la voix humaine). Berlin, 1839, in-8.

DUTTENHOFFER (F.-M.). — Die Menschliche Stimme (la voix humaine). Stuttgard, 1839, in-8.

DESPINEY. — Physiologie de la voix et du chant. Paris, 1831, in-8.

GERDY. — Mémoire sur la voix et la prononciation. Paris, 1842, in-8.

ARNETH (Hector). — Die menschliche Stimme (la voix humaine). Vienne, 1842, in-8.

PETREQUIN et DIDAY. — Mémoîre sur le mécanisme de la voix de fausset. Paris, 1843, in-8.

GARCIA (Manuel). Mémoire sur la voix humaine. Paris, 1847, in-8.

ITARD. — Traité des maladies de l'oreille et de l'audition, 2e édition. Paris, 1842, 2 vol. in-8.

BONNAFONT. — Traité théorique et pratique des maladies de l'oreille, 2e édition. Paris, 1873, J.-B. Baillière.

SEGOND. — Archives générales de médecine, 1847-1849.

MÈNE. Surdité accidentelle, son siège, ses causes, son traitement. Paris, 1854, in-8.

Lauel. — La voix, l'oreille et la musique (Revue des Deux-Mondes), mai, 1867.

Helmholtz. — Théorie physiologique de la musique fondée sur l'étude des sensations auditives, traduit de l'allemand par Guéroult. Paris, 1868. Appendice en 1874. Masson.

Mandel. — Hygiène de la voix parlée ou chantée. Paris, 1876. J.-B. Baillière.

Bataille (Ch.). — Nouvelles recherches sur la phonation. Paris, 1866.

Fournié (Edouard). — Physiologie de la vois et de la parole. Physiologie et instruction du sourd-muet. Paris, 1866. A. Delahaye.

Fournié (Edouard). — De l'instruction phvsiologique du sourd-muet. Communication faite au Congrès d'otologie de Milan, en septembre 1880. Dans la Revue médicale française et étrangère. Paris, 30e année. Baltenweeck.

Ladreit de Lacharrière et Krishaber. — Annales des maladies de l'oreille et du larynx. Paris, Masson.

de Fleury (A.). — Essai sur la pathogénie du langage articulé. Paris, 1865, in-8. Masson.

Violette. — Etudes sur la parole et ses défauts. Paris, 1862, in-8. Leclerc.

Ladreit de Lacharrière. — Des causes de la surdité chez l'enfant et de la surdité. Dans le Bulletin de la Société centrale d'éducation et d'assistance pour les sourds-muets en France. Paris, 1874. Boucquin.

Vacher (Louis). — De la voix chez l'homme au point de vue de sa formation, de son étendue et de ses registres, avec planches. Paris. 1874. (Voir les ouvrages de Physiologie à l'article Phonation.

TROISIEME PARTIE.

Etat intellectuel des sourds-muets.

On trouvera de nombreux aperçus sur cette question dans les ouvrages précédents et plus particulièrement dans ceux de

MM. Puybonnieux, Itard, Pubert Velroux, E. Fournié, etc., etc.

Au point de vue médico-légal, nous citerons :

KRESS. - Kurze juristiche Betrachtung, etc. (Examen juridique concis du droit des sourds-muets), 1765. Helmstaerdt.

ALBERTI. —Jurisprudence Médic. Goerlitz, 1747, t. VI.

MULLER. Médecine légale, t. II.

MORITZ. Magasin de psychologie expérimentale.

HOFFBAUER. — Médecine légale relative aux aliénés et aux sourds-muets. Traduction. Paris, 1827.

MARC. — De la folie, chapitre intitulé : Analogies légales entr la surdi-mutité et l'imbécilité.

CASPER. — Médecine légale, traduction. Paris.

BRIAND et CHAUDÉ — Traité de médecine légale. Paris, 1869, pages 573 et suivantes.

BERTHIER (Ferdinand, sourd-muet). — Le Code Napoléon mis à la portée des sourds-muets. Paris, 1869.

LASÈGUE. — Des cérébraux. Archives générales de médecine, 1880.

Paris. — A. PARENT, imprimeur de la Faculté de Médecine, rue M.-le-Prince, 29-31.

www.ingramcontent.com/pod-product-compliance
Ingram Content Group UK Ltd.
Pitfield, Milton Keynes, MK11 3LW, UK
UKHW020310220726
13923UKWH00003B/1072